PROFIL D'UNE ŒUVRE

Collection dirigée par Georges Décote

S0-EDB-355

DOM JUAN

MOLIÈRE

Analyse critique

par Christine GERAY,
Professeur au Lycée d'Argenteuil

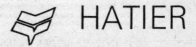

HATIER

Sommaire

© HATIER, Paris 1974

ISBN 2-218-**02729**-1 — ISSN 0750-2516

Introduction

Il y avait, à l'époque de Molière, des « Précieuses », on les appelle aujourd'hui « les snobs », « les Marie-Chantal », parfois « les minettes », ou encore « les fans », tout dépend de leur âge et de leur milieu... Et puis, la mode s'est installée bien au-delà du raffinement du langage, de la coquetterie et des belles manières. Il y avait aussi, autrefois, des gens qui ne vivaient que pour l'argent : ils l'entassaient, le palpaient, essayaient de caser leur fille « sans dot », prêtaient de l'argent aux jeunes marquis dépensiers à un taux d'intérêt vraiment très élevé : on les appelait les avares et les usuriers; progressivement, ils ont été remplacés par les banquiers, les spéculateurs, peut-être les promoteurs ou les agents immobiliers... Ils ne palpent plus l'argent de la même manière et lancent plutôt leur fille dans les affaires. Au temps de Molière, il y avait aussi des « femmes savantes », on les nomme aujourd'hui les intellectuelles engagées, elles sont parfois membres du Mouvement de libération des femmes; elles ne tiennent plus salon mais défilent dans les rues, signent des motions pour l'avortement libre et pour une éducation sexuelle véritable, tandis que d'autres participent « virilement » à quelques campagnes électorales. Il y avait encore à l'époque de Molière des bourgeois devenus riches et certains voulaient imiter les gentilshommes; nous avons encore des parvenus et des nouveaux riches, mais ils chercheraient plutôt à imiter les vedettes hollywoodiennes ou les propriétaires de ranchs. Et puis, il y avait au temps de Molière des faux dévots, je ne sais pas très bien ce qu'ils sont devenus... On ne joue plus tellement la comédie de la sainteté; en revanche les hommes font parfois semblant d'être honnêtes et fidèles au principe d'une certaine morale. Quelques-uns d'entre eux se font traiter de « faux puritains » ou de « bourgeois dépravés » (les caractérisations varient selon les tendances); ces gens élèvent leurs enfants avec une rigueur extrême, ils prennent violemment parti contre la liberté sexuelle, mais certains sont de fins collectionneurs de photos pornographiques, ils se passionnent pour la littérature érotique, fréquentent en célibataires certains bars où les filles sont « superbes », organisent, quand les enfants sont couchés, des soirées hautes en alcool et fortes en déshabillés... Ils ne sont plus tellement pique-assiettes, mais courtisent facilement leurs nièces ou leurs belles-sœurs au cours d'un week-end à la campagne; en revanche et par principe, ils mettront résolument leur fille à la porte, si elle commet la maladresse de se faire mettre enceinte avant d'être mariée; ce sont les nouveaux Tartuffe. « Sous Molière », il y avait déjà des malades imaginaires; grâce à la Sécurité Sociale, ils ont assuré leur descendance par les « tire-au-flanc » et puis... si ces gens-là se croient vraiment malades, ils vont consulter un psychanalyste, qui fera payer très cher ses consultations, pour parler uniquement : mais il faut que le malade soit convaincu de l'importance de cette conversation, pour son bien et sa guérison. Toujours au temps de Molière, il y avait enfin des libertins, et nous allons longuement en parler dans les chapitres qui vont suivre, car dans une de ses pièces, Molière nomma l'un d'entre eux : « Don Juan » : cet homme-là ne savait aimer personne et il vivait en solitaire avec un valet; il avait aussi constaté que « deux et deux sont quatre » et cela l'empêchait de croire en Dieu. On s'intéresse beaucoup à lui actuellement et on se pose beaucoup de questions à son sujet : Qui était donc ce Don Juan ? et surtout qu'est-il devenu parmi nous ? Vadim vient de trouver une réponse en le déguisant en femme pour l'appeler Brigitte Bardot; malgré la description flatteuse de Pierrot, et l'émoi de Charlotte, il me semble pourtant que le libertin de Molière est encore bien autre chose qu'une enjôleuse aux jolis seins; je ne le vois pas davantage parmi les « tombeurs », les « noceurs », les « coureurs », les « cavaleurs », les « minets », les « play-boys », les « bringueurs », les « noctambules », les « fêtards »... Finalement, si Don Juan enlevait son costume de seigneur, s'il était enfin devenu capable d'aimer quelqu'un d'autre que lui-même, et s'il revenait parmi nous, peut-être rejoindrait-il, par son art de vivre, l'univers de certains hippies ? [Nous nous expliquerons plus loin.] Et puis, en toute sincérité, qui n'est pas malade imaginaire l'espace d'une semaine, bourgeois gentilhomme le temps d'un dîner, précieuse ridicule juste pour une soirée, et femme savante à l'occasion d'un après-midi ? Alors ! Quand sommes-nous Don Juan ? Jean Vilar m'a confié un jour au moment où sa femme l'appelait, parce que le repas était servi : « Si j'étais Don Juan, au lieu d'aller déjeuner, j'irais maintenant acheter un paquet de cigarettes, sans prévenir et je rentrerais... quand j'en aurais envie ; je défierais ainsi le sentiment, la gentillesse, l'habitude, le conformisme, le savoir-vivre... je choisirais la liberté. »

TABLEAU CHRONOLOGIQUE :
VIE ET ŒUVRE DE MOLIÈRE

1622 le 15 janvier - Baptême de Jean-Baptiste Poquelin (on ignore la date exacte de sa naissance).

1622 à 1636 - Molière travaille avec son père tapissier du roi [1], il apprend à lire et à écrire (la mère de Molière meurt en 1632 - elle laisse 5 enfants au père qui se remarie en 1633).

1630 à 1640 - Études chez les Jésuites au Collège de Clermont (aujourd'hui Lycée Louis-le-Grand).

1639 à 1642 - Études de droit à Orléans ; Molière obtient sa licence.

1642 - Molière remplace son père auprès du Roi ; il suit Louis XIII jusqu'à Narbonne - Premier contact avec la troupe des Béjart chargée de distraire la cour pendant ce voyage.

1643 - Molière réclame sa part de l'héritage de sa mère - Il rompt avec sa famille, renonce à sa situation sociale et constitue avec Madeleine Béjart la troupe de l'Illustre théâtre - Il joue diverses pièces d'auteurs dont la vogue fut seulement contemporaine.

1644 - On trouve pour la première fois un contrat signé « Molière » - Ce rôle de signataire peut indiquer qu'il est devenu directeur de la troupe.

1645 - Faillite de l'Illustre théâtre - Molière est emprisonné pendant quelques jours au Châtelet pour dettes.

1646 - Départ en Province, pour une vaste tournée de douze ans ; avec Madeleine Béjart, Molière reprend la direction de la troupe protégée maintenant par le duc d'Épernon. Jusqu'en 1658, Molière compose des farces : sortes de canevas d'intrigues sur lesquels les acteurs improvisent des répliques.

1653 - La troupe passe sous la protection du prince de Conti, gentilhomme libertin, frère du Grand Condé.

1655 - Représentation à Lyon de *L'étourdi* (première pièce de Molière dont nous avons le texte).

1656 - Représentation à Béziers du *Dépit amoureux*.

1658 - Retour à Paris : la troupe loue le Jeu de Paume du Marais - Elle est protégée par Monsieur (frère du Roi) dont elle prend le nom, puis elle plaît au Roi qui l'installe dans la salle du Petit-Bourbon (elle donne des représentations quatre jours par semaine en alternance avec les Comédiens italiens).

1659 - Représentation des *Précieuses ridicules* : c'est un triomphe.

1660 - Première édition des *Précieuses ridicules* - Création de *Sganarelle* ou *Le cocu imaginaire* qui consacre Molière « premier farceur de France » (selon Somaize) - Molière reçoit le titre de tapissier, valet de chambre du Roi.

1661 - La troupe s'installe au « Palais-Royal » (elle partage encore la salle avec les Comédiens italiens mais choisit ses jours) - Créations de : *Dom Garcie de Navarre* - *L'école des maris* - *Les fâcheux*.

---

1. Parallèlement aux travaux et au commerce de la tapisserie, « les tapissiers ordinaires » du roi étaient de droit valets de chambre. Ils assuraient à tour de rôle un service au palais : en fait trois mois par an.

1662 - Molière épouse Armande Béjart - Création et triomphe de *L'école des femmes* - Premières cabales contre Molière suscitées par les comédiens de l'Hôtel de Bourgogne spécialistes de la tragédie et jaloux du succès de la comédie ; puis, par les dévots (ils se méfient de l'aspect moralisateur des dernières comédies de Molière et dénoncent l'impiété du dramaturge).

1663 - La querelle se poursuit : A *L'école des femmes* les rivaux répliquent par une autre pièce, *La critique de l'école des femmes*.

1664 (février) - Le Roi affirme sa protection - Il est parrain du premier-né de Molière (l'enfant mourra quelques mois plus tard).

1664 - Représentation de *La Princesse d'Élide* dans le cadre « des plaisirs de l'Ile Enchantée » (sorte de festivité royale).
- Création du *Mariage forcé*.
- Première représentation publique de *Tartuffe*. Violente réaction des dévots - Le Roi interdit de jouer la pièce en public.

1665 - Créations de *Dom Juan* puis de *L'amour médecin*.
- La troupe devient troupe du Roi et reçoit 6000 livres de pension.
- Molière tombe malade et, pendant deux ans, il devra la plupart du temps s'abstenir de jouer.

1666 - *Le misanthrope* - *Le médecin malgré lui*.

1667 - Molière et Armande Béjart se séparent - Représentation de la deuxième version de *Tartuffe ou L'imposteur,* nouvelles attaques des dévots - La pièce est interdite.

1668 - *Amphitryon* - *George Dandin* - *L'avare*.

1669 - Louis XIV lève l'interdiction de *Tartuffe*.
- Création de *Monsieur de Pourceaugnac*.
- Mort du père de Molière.

1670 - *Les amants magnifiques* - *Le bourgeois gentilhomme*.

1671 - *Psyché* - *Les fourberies de Scapin* - *La comtesse d'Escarbagnas*.

1672 - *Les femmes savantes* - Mort de Madeleine Béjart.

1673 - *Le malade imaginaire* - Mort de Molière.

EXPLOITATION TRADITIONNELLE
ET DRAMATIQUE
DES AVENTURES
DU SEIGNEUR DON JUAN TENORIO

Molière connaissait, sans aucun doute, les tragi-comédies de ses contemporains Dorimond et Villiers, intitulées toutes deux *Le festin de pierre* et les comédiens italiens offraient plusieurs versions « très farces » des aventures fantastiques du Seigneur Tenorio, où l'on improvisait largement à partir d'un texte de Goldoni. En fait, l'histoire « vécue » de ce Don Juan Tenorio, seigneur espagnol du XVIe siècle, était entrée dans le domaine du théâtre, grâce à une comédie espagnole du moine Tirso de Molina entre les années 1620 et 1630, sous le titre : *El Burlador de Sevilla y el convivado de piedra*. Micheline Sauvage (in : *Le cas Dom Juan*) pense que Molière connaissait l'original espagnol ; d'autres spécialistes de Molière le nient. De toutes façons, il exploitait un thème qui avait été largement diffusé, et plaisait au public par ses éléments surnaturels qui entraînaient des décors « magiques ». Le titre choisi par Villiers et Dorimond braquait, d'ailleurs, tout l'intérêt du spectacle sur l'épisode fantastique avec la Mort et la statue ; les deux tragi-comédies étaient surtout sources d'émotion. Molière accorde, lui aussi, une place importante au dénouement surnaturel, mais il lui donne une signification nouvelle et résolument ambiguë. Quant aux Italiens, ils braquaient leur éclairage sur le « valet » dont le ridicule éclatait à travers les pitreries et les pantalonnades; l'atmosphère comique était également renforcée par des personnages traditionnels de la Commedia dell'arte : « Le Docteur » - « Pantalon » - « Brunetta ». Don Juan, tout occupé à désirer les femmes, se laissait aller à des propos grossiers fort évocateurs en matière d'amour. On accordait aussi beaucoup de soin aux décors. Le comique chez Molière est à la fois plus subtil et plus grinçant : il se situe davantage au niveau du texte; lorsqu'il se juxtapose au surnaturel, au moment du dénouement, il a des résonances beaucoup plus émotionnelles.

- • *Précisions sur les modifications entreprises par Molière*

Par rapport à ses contemporains, Molière supprime certains personnages dont le rôle pouvait sembler gratuit. Il conserve le thème surnaturel mais lui donne une valeur symbolique beaucoup plus actuelle, au service de la morale et de la religion de l'époque, dans le cadre du dénouement, l'événement fantastique invite le spectateur à s'interroger sur la personnalité de Sganarelle et sur celle de Don Juan (Molière conserve, en revanche, les procédés « spectaculaires » : les brillants costumes, les somptueux décors, l'importance du mouvement et du changement, les échanges de vêtements et le déguisement). Le personnage de Don Juan a choisi une ligne de conduite amoureuse, mais elle appartient plus au passé qu'au présent; la théorie de Don Juan sur l'amour est située dans les premières scènes; elle expose son art de « voler de victoires en victoires » comme un mode de vie, mais il n'a guère le temps de le mettre en pratique : quel est le poids d'une déclaration fortuite à deux paysannes ? Chez les autres dramaturges, Don Juan avait une certaine mentalité de « voyeur » : par surprise, il aimait se substituer aux amants légitimes dans le lit des belles, et les maintenir dans leur méprise. Chez Molière, Don Juan recherche surtout l'obstacle, pour donner plus de piment à ses conquêtes. Enfin le sentiment de révolte qui anime notre personnage, correspond ici davantage à un refus délibéré d'une société qu'il condamne. De plus, Sganarelle, le compagnon de Don Juan solitaire, joue un nouveau rôle beaucoup plus humain qui dépasse ses fonctions de valet. Les autres dramaturges présentaient la mort de Don Juan comme une conséquence de son inconduite amoureuse : le Commandeur était le père d'une des victimes; il était le témoin d'une scène de substitution amoureuse, Don Juan le tuait ensuite en duel; la statue du Commandeur exterminait finalement Don Juan pour avoir offensé « l'amour ». Si le personnage de Molière est puni par la mort, c'est surtout parce qu'il a défié Dieu, ou plus exactement, mis en cause la religion des hommes (Dorimond et Villiers soulignent la révolte de Don Juan contre son père, contre son pays, contre les masses, Dieu passe au second plan). Enfin si Molière a donné dans ce déploiement de décors, parce qu'il correspondait à l'engouement du jour et à la demande de son public, il a largement édulcoré certains éléments surnaturels, pour dégager l'intensité dramatique de l'acte final : dans la pièce de Tirso de Molina, le festin chez le Commandeur était composé de scorpions, de vipères, de vinaigre et de fiel, le tout sur nappe noire. Molière préfère une seule étreinte (certes avec feu d'artifice) qui coûte la vie à Don Juan. En conclusion, au-delà de « son besoin » de plaire par un magnifique spectacle, par rapport aux autres dramaturges qui ont exploité le même sujet, Molière actualise et nationalise le mythe de Don Juan : il lui donne une signification sociale propre à son époque. Son personnage illustre une certaine forme de libertinage qui s'était installée dans les mœurs. L'auteur tourne en dérision la superstition et la foi trop crédule - il ironise sur la médecine -, fait le procès de l'hypocrisie de cour et de la fausse dévotion - il met en cause le problème de la grâce avancé par les Jansénistes. Il souligne le caractère périmé de la morale traditionnelle et ancestrale qui nuit à une prise de conscience individuelle - puis, pour faire rire, Molière introduit des paysans d'Ile-de-France dont la mentalité et le jargon atteignent le public parisien. Enfin, dans la lignée de ses autres personnages, Molière fait de son Don Juan un isolé.

SITUATION ET CARACTÉRISTIQUES
DU LIBERTINAGE AU XVIIᵉ SIÈCLE

• *Définition*

Selon l'édition du dictionnaire de l'Académie de 1718 on désigne par libertin : « celui qui fait profession de ne point s'assujettir aux choses de la religion ».

En fait, le libertinage caractérisa d'une part un mouvement moral et philosophique aux répercussions sociales et politiques ; d'autre part, il fut parfois utilisé pour désigner certains individus qui donnaient dans la jouissance pour des raisons physiologiques et psychologiques spontanées, sans la moindre préméditation idéologique. L'un s'intitula « le libertinage érudit », l'autre « le libertinage de mœurs », mais il est parfois difficile d'établir une distinction précise entre les deux aspects, lorsque l'on observe un seul homme.

• *Résumé historique*

Le libertinage désigna d'abord un très grand relâchement des mœurs, sous les règnes de Henri IV et de Louis XIII ; il s'explique, peut-être, par une réaction contre la galanterie et la magnificence du règne des Valois (cf. *La Princesse de Clèves*). Par ailleurs, l'engouement des érudits de la Renaissance pour l'Antiquité païenne remet à l'honneur deux doctrines philosophiques qui marqueront la morale du XVIIᵉ siècle parallèlement aux préceptes diffusés par l'Église ; ainsi le stoïcisme sera le fondement même du classicisme, tandis que l'épicurisme enseignera le culte de la volupté, la jouissance de la réalité immédiate.

• *Une attitude de non-conformisme*

C'est pour servir cette forme d'idéal que se groupèrent « les libertins érudits », mais dès le début du XVIIᵉ siècle, le mouvement fut renforcé par une attitude non conformiste à l'égard de la morale et de la société, et il devint le propre d'une certaine jeunesse désignée par le jésuite Garasse comme « une centaine de vilains » ayant pour chef de file le poète Théophile de Viau.

D'après Claude Dulong *(L'amour au XVII^è siècle¹)*, « est qualifié de libertin, au XVIIe siècle, tout homme qui pense librement, qui n'accepte point les idées reçues en matière de politique et de religion ».

Ce mouvement motivé par un désir de réaction contre l'absolutisme religieux et politique manqua néanmoins d'ampleur et d'organisation.

● *Quelques exemples de libertinage*

On a sans doute utilisé le mot « libertinage » trop légèrement à l'époque, pour caractériser quelques scandales notoires mais sans lendemain. Peut-on considérer Charles de Sévigné comme un libertin, parce qu'il mena joyeuse vie en compagnie de Ninon de Lenclos, une certaine Semaine Sainte ? L'attitude du Grand Condé pourrait sembler plus scandaleuse encore : il aurait essayé de brûler un morceau de la vraie Croix en compagnie du médecin Bourdelot et de la Palatine. On parle aussi d'un certain Bussy-Rabutin qui, avec des amis, aurait déterré un squelette, pour le faire danser dans une église.

Citons encore Des Barreaux (auteur de poèmes obcènes ; certains libertins tentèrent de lancer un mouvement poétique au service de l'érotisme). L'anecdote suivante le concernant est peut-être intéressante à retenir : un jour, dans une auberge, pendant le carême, Des Barreaux et l'un de ses amis voulurent manger de la viande. On accepta seulement de leur servir des œufs au lard ; pendant qu'ils mangeaient, un orage violent éclata ; Des Barreaux ouvrit la fenêtre et, au milieu des fracas de l'orage, il jeta l'omelette en disant : « Voilà bien du bruit pour une méchante omelette au lard. » L'affaire eut un certain retentissement à l'époque ; elle fut sans doute connue de Molière qui fréquentait, à l'occasion, le cabaret de la Croix de Lorraine où Des Barreaux récitait ses poèmes. Boileau y fait allusion dans une de ses satires :
- « Du tonnerre dans l'air bravant les vains carreaux
    Et nous parlant de Dieu du ton de Des Barreaux. »

1. Cf. notre bibliographie.

Boileau écrira encore à son sujet :
- « Et riant, hors de là, du sentiment commun
    Prêche que trois sont trois et ne font jamais un. »

Le prince de Conti représente enfin « le grand seigneur libertin » dont s'inspira peut-être Molière, Prince du sang et cinquième personnage du royaume après le Roi, le dauphin, Monsieur (frère du Roi) et le prince de Condé, il avait mené pendant un certain temps une vie très dissolue [ancien chef de la Fronde, par la suite il avait été accusé d'inceste avec sa sœur, Madame de Longueville ; à une certaine époque, il avait protégé Molière et sa troupe]. Il changea ensuite totalement d'attitude ; il épousa une nièce de Mazarin, il se convertit, rejoignit le clan des dévots, et adopta leur comportement répressif vis-à-vis des gens de théâtre et de ses anciens compagnons de joyeuse vie. Il écrivit un traité de la comédie, et il n'hésita pas à faire enfermer son ancienne maîtresse dans un couvent. Le Roi n'aimait pas Conti ; Molière avait de bonnes raisons d'en vouloir à son ancien protecteur.

LES INTENTIONS DE MOLIÈRE

Motivations immédiates

Nous sommes au début de l'année 1665. Depuis plusieurs mois, Molière est accablé par les difficultés matérielles, les déboires, les malheurs. Il avait beaucoup misé sur le *Tartuffe* : il en espérait gloire et recette ; en fait, le *Tartuffe* n'avait été représenté qu'une seule fois, le 12 mai 1664, dans sa version originale. Le scandale qu'il avait provoqué avait entraîné des frais de justice, le prestige de Molière avait été vivement atteint par le déchaînement de la Cabale [1], la critique outrageuse, les pamphlets diffamatoires, des sermons calomnieux, des pressions auprès du Roi ; le théâtre de Molière était attaqué aussi bien sur le plan moral que sur le plan artistique ; sentimentalement, Molière avait été dou-

---

1. Secte qui voulait appliquer en France les idées du « Concile de Trente » : rétablissement de l'Inquisition, contrôle par Rome de la politique royale et nationale. Certains la qualifiaient d'association mystérieuse et puissante de gens qui invoquent à tout propos l'intérêt de la religion. Elle était formée de plusieurs groupements dont le plus puissant était « la compagnie du Très Saint-Sacrement de l'Autel ».

loureusement atteint par la mort de son premier enfant, le petit Louis, et celle de son collaborateur, le comédien Du Parc; la dernière semaine de janvier 1665, la troupe joue pour la dernière fois *La Princesse d'Élide;* on avait représenté cette pièce trois fois par semaine, les recettes par spectacle avaient rarement été supérieures à 300 livres, le public depuis plusieurs mois boudait le théâtre du Palais-Royal.

Il était fréquent à l'époque d'exploiter simultanément, dans des salles différentes, un même sujet dramatique dont on était engoué. Le XVIIe siècle s'intéressait aux aventures de Don Juan dont la conception dramatique s'accompagnait de décors grandioses, riches et variés, de scènes à émotion dans la ligne du théâtre baroque. La troupe de Molière sollicite son maître : il faudrait « monter » *Le festin de pierre;* Molière hésite, les décors et les costumes vont être coûteux et il n'aura pas le temps d'écrire la pièce en vers; par ailleurs, *Le misanthrope* n'est pas terminé, la situation financière de la troupe n'est pas brillante; *Le festin de pierre* de Villiers, celui de Dorimond, le *Don Giovanni* des Comédiens italiens se jouent simultanément et ne cessent de ravir le public parisien... Molière se décide; le 14 février 1665, le gazetier Loret annonce la pièce en ces termes :

> – L'effroyable Festin de Pierre
> Si fameux par toute la terre
> Et qui réussissait si bien
> Sur le Théâtre Italien,
> Va commencer l'autre semaine
> A paraître sur notre scène.

Par ailleurs, Loret prédit le succès de la pièce : il fait allusion au « rare esprit de Molière », « au solide et beau sérieux », « à son style enjoué ».

Molière cherche également à éblouir le public par la somptuosité, la variété et l'importance des décors; la troupe ne s'adresse pas à son décorateur habituel, Jean Crosnier; on fait appel à deux peintres de réputation notoire : Jean Simon et Pierre Prat; ces décors coûteront 1200 livres et les comédiens fourniront aux peintres les châssis, les toiles et les cartons. On trouve les caractéristiques de ces décors sur un programme publié après 1665 :

premier acte : l'ouverture du théâtre se fait par un magnifique jardin,

deuxième acte : le théâtre de mer et de rochers succède au superbe palais du premier acte,

troisième acte : un bois,

quatrième acte : chambre aussi superbe qu'on en puisse voir,

cinquième acte : théâtre de statues à perte de vue.

Quant aux costumes, leur somptuosité est en harmonie avec celle des décors (le seul costume de Don Juan aurait coûté 500 livres : à peu près la totalité des recettes d'un spectacle pour une salle bien remplie). En résumé, Molière entreprend *Dom Juan* pour des raisons essentiellement financières : il engage des frais pour monter une pièce à grand spectacle qui devrait lui assurer de bonnes recettes.

Dans la ligne de ses aspirations dramatiques

Quelques mois avant d'entreprendre *Dom Juan*, dans le premier placet sur *Tartuffe*, Molière écrivait : « Le devoir de la comédie étant de corriger les hommes en les divertissant, j'ai cru que dans l'emploi où je me trouvais je n'avais rien de mieux à faire que d'attaquer, par des peintures ridicules, les vices de mon siècle. »

Les modifications entreprises par Molière par rapport au *Festin de pierre* de ses contemporains visent très certainement à rajeunir le thème, en l'actualisant et en le nationalisant (la pièce de Villiers, celle de Dorimond, s'inspirent assez étroitement du *Festin de pierre* de Tirso de Molina qui est espagnole et date du début du siècle). Par ailleurs, Molière tient à donner à son *Dom Juan* une certaine dimension comique dont il s'est fait une spécialité (Villiers et Dorimond avaient mis en scène des tragi-comédies; et le *Don Giovanni* des Italiens devait plutôt ressembler à une grosse farce trop riche en arlequinades).

En résumé, à travers le mythe de Don Juan, Molière a cherché à souligner, à ridiculiser, à attaquer certains vices caractéristiques de son époque.

Ses préoccupations personnelles

Dom Juan n'est, pas plus que toute autre pièce, le reflet de la vie de Molière ; au-delà d'une certaine dimension satirique, ce n'est pas non plus, au sens actuel du terme, une pièce engagée. Nous avons souligné que la création de *Dom Juan* correspondait, avant tout, à des besoins matériels, et que les éléments spectaculaires étaient au moins aussi importants que le texte. Dans la chronologie des œuvres de Molière, il est, néanmoins, important de constater que *Dom Juan* se situe après *Tartuffe* et avant *Le misanthrope* déjà en cours de rédaction ; il me semble que l'on ne s'avance pas trop en considérant *Tartuffe, Dom Juan* et *Le misanthrope* comme une sorte de trilogie dans laquelle Molière laisse se refléter plus ou moins consciemment ses préoccupations morales, sociales et religieuses. L'hypocrisie, qu'elle apparaisse sous les formes de la fausse dévotion, du mensonge, de la fausse amitié, de la diplomatie malhonnête, de la courtisanerie, de la sociabilité d'apparat, est traitée sous l'un ou l'autre de ces aspects dans les trois pièces. D'ailleurs, Molière « le sincère » n'était pas homme à s'accepter vaincu dans la querelle dramatico-religieuse à l'ordre du jour ; plus tard, Monsieur le Président de Lamoignon ne lui fera-t-il pas remarquer :

« ... Je ne saurais vous permettre de jouer votre comédie. Je suis persuadé qu'elle est fort belle et fort instructive, mais il ne convient pas à des comédiens d'instruire les hommes sur ces matières de la morale chrétienne et de la religion : ce n'est pas au théâtre de se mêler de prêcher l'évangile... »

Molière écrira, dans un placet adressé au Roi : « Sire, il ne faut pas que je songe à faire des comédies si les Tartuffe ont l'avantage. »

2 | Analyse de la pièce

ACTE I

SCÈNE I : Gusman, écuyer d'Elvire, s'entretient avec Sganarelle, valet de Don Juan (Elvire avec sa suite est à la recherche de Don Juan, son récent mari). Gusman interroge Sganarelle : pourquoi cette fuite ? Sganarelle brosse un portrait de son maître (jeune encore et de haut rang) : c'est un épouseur de toutes mains [1] et nul terme ne semble suffisant pour caractériser l'ampleur de sa corruption; de plus, Don Juan est totalement mécréant, c'est un terrible maître et « un grand seigneur méchant homme ». Gusman se retire.

SCÈNE 2 : Don Juan apparaît : il a reconnu Gusman, il confie à Sganarelle ses pensées et ses projets : Elvire ne l'intéresse plus, il songe à une autre femme; en amour, il condamne la fidélité : elle est bonne pour les ridicules. En revanche, l'inconstance est un hommage à la beauté aux multiples visages : il faut l'honorer à chaque rencontre, tel est le culte de la femme; toutes les belles ont ainsi le droit de nous charmer. Lui, Don Juan, a un tempérament conforme à cette loi naturelle : il est sensible à toutes formes de beauté;

---

1. Plusieurs allusions sont faites aux multiples mariages de Don Juan, et l'on peut se demander s'il s'agit de simples liaisons amoureuses, ou du sacrement de mariage confirmé par l'état civil :
- l'*annulation du mariage* lorsqu'il n'avait pas été consommé (et les subterfuges étaient nombreux pour prouver qu'il ne l'avait pas été) était un phénomène relativement fréquent dans les milieux de la noblesse;
- le *mariage clandestin* offrait une autre possibilité de se marier à plusieurs reprises. Il était favorisé par le manque de rigueur de l'état civil, par un certain désaccord entre l'Église et l'État sur les conditions nécessaires à la célébration du mariage, et enfin par la malhonnêteté de certains prêtres (cf. les ouvrages de Brémont et de Dulong cités dans notre bibliographie).

de plus, l'infidélité n'est pas incompatible avec l'amour, indissociable du plaisir : tout son piment est dans le changement. Là encore, Don Juan a une nature de conquérant insatiable. Sganarelle invite son maître à s'expliquer sur son impiété; le gentilhomme se dérobe : c'est une affaire entre le Ciel et lui. L'attrait de la remplaçante d'Elvire est enfin précisé : elle est fiancée; la jalousie attise le désir.

SCÈNE 3 : Survient Elvire : Don Juan trahit son déplaisir à la voir. La jeune femme demande des explications; Don Juan veut charger son valet de répondre à sa place; Elvire reproche au gentilhomme sa grossièreté et sa maladresse. Don Juan riposte : il ne sait pas « feindre » la courtoisie; il est parti pour fuir « son épouse » : il a été pris de repentir (ne l'a-t-il pas « enlevée » d'un couvent?)... Elvire ulcérée prédit la malédiction du Ciel.

ACTE II

SCÈNE 1 : Pierrot, un jeune paysan, s'entretient avec Charlotte sa promise; il vient de sauver en mer un jeune seigneur : Don Juan (la barque prévue pour l'enlèvement de la jeune fiancée a fait naufrage); Charlotte s'intéresse à l'élégance du gentilhomme rescapé. Suit une scène de reproches : Pierrot se sent mal aimé...

SCÈNE 2 : Nous assistons à un entretien entre Don Juan et Sganarelle; le seigneur sauvé des eaux a déjà rencontré une jeune paysanne dont il envisage la conquête (il s'agit de Mathurine : nous la verrons dans la scène suivante), Sganarelle reproche à son maître son ingratitude envers le Ciel : ne viennent-ils pas d'échapper tous deux à la mort? Don Juan aperçoit Charlotte; il la trouve belle, l'aborde, la complimente, lui demande de mettre en valeur ses charmes. Charlotte est fiancée... Don Juan la désire plus encore : il affirme la sincérité de ses sentiments et jure de l'épouser.

SCÈNE 3 : Pierrot interrompt cette galante déclaration, il revendique ses droits sur Charlotte; Don Juan le frappe, Charlotte séduite et convaincue par les promesses du gentilhomme se range de son côté. Pierrot s'en va.

SCÈNE 4 : Survient Mathurine (Don Juan lui a également promis de l'épouser). Mathurine et Charlotte revendiquent chacune leurs droits de futures épouses; Don Juan les persuade l'une et l'autre de l'exclusivité de sa parole, par un stratagème de va-et-vient et un jeu d'aparté.

SCÈNE 5 : La Ramée (un spadassin) vient avertir Don Juan : douze hommes à cheval le cherchent; par précaution, le maître propose à Sganarelle un échange de vêtements.

ACTE III

SCÈNE 1 : Dans une forêt, nous trouvons maintenant Don Juan en habit de campagne et Sganarelle en médecin; l'accoutrement du valet permet à Don Juan d'affirmer son mépris pour la médecine. Sganarelle interroge une nouvelle fois son maître sur ses croyances religieuses; après maints détours, Don Juan prononce sa célèbre réplique : « Je crois que deux et deux sont quatre... et que quatre et quatre sont huit. »

SCÈNE 2 : Les deux hommes se sont égarés; un pauvre leur indique le chemin vers la ville. Don Juan le remercie mais le mendiant réclame l'aumône en évoquant le Ciel... Don Juan s'irrite : est-il logique de croire à la bonté de Dieu et de se trouver dans le besoin? Don Juan propose un marché : le mendiant va-t-il accepter de jurer pour un louis d'or; le pauvre résiste [1]; Don Juan finalement lui jette la pièce car il aperçoit un homme attaqué par trois autres...

SCÈNE 3 : Le gentilhomme agressé est sauvé par Don Juan, et il lui manifeste sa reconnaissance, puis il se présente : Don Carlos; il est à la recherche de l'indigne époux de sa sœur Elvire; il a perdu son escorte. Don Juan, si directement concerné, se présente comme « l'ami » du mari infâme, et propose son aide à Don Carlos.

SCÈNE 4 : Don Alonse, le second frère d'Elvire, interrompt l'élan de gratitude de Don Carlos, car il reconnaît le véritable Don Juan ici présent; ce dernier admet son identité, puis met la main sur la garde de son épée. Une discussion

1. Par crainte, ou par foi? Le blasphème était un acte de libertinage sanctionné par la loi. A la première faute, une amende de 50 livres et une peine de sept jours de prison étaient prévues pour les blasphémateurs convaincus par deux ou trois témoins (Don Juan veut précisément faire jurer le pauvre devant lui-même et Sganarelle). A la deuxième faute, le blasphémateur était condamné au carcan et à l'incision de la lèvre inférieure. A la troisième faute, on lui perçait la langue, il était condamné à une amende, au bannissement et aux galères perpétuelles. La peine de mort venait ensuite.

s'engage entre les deux frères ; dans l'immédiat Don Carlos se sent lié par la gratitude. Il se vengera plus tard en d'autres lieux.

SCÈNE 5 : Sganarelle s'était caché pour éviter tout danger, Don Juan peste contre la poltronnerie, puis il évoque encore sa conception de la vie amoureuse sous le signe de l'attrait, de la liberté, de l'inconstance. Les deux hommes réalisent soudain qu'ils se trouvent devant le tombeau d'un certain Commandeur (tué autrefois en duel par Don Juan) ; ils s'approchent de la statue ; Don Juan ordonne à son valet d'inviter à souper l'homme de pierre ; Sganarelle, superstitieux et « paniqué », s'exécute ; la statue acquiesce par un signe de tête ; Don Juan irrité renouvelle lui-même son invitation : l'homme de pierre répond par le même mouvement. Don Juan s'éloigne sans commentaire.

ACTE IV

SCÈNE 1 : Nous retrouvons Don Juan dans son appartement. Il s'entretient avec Sganarelle au sujet de la statue ; il admet la vision, mais c'était peut-être une illusion d'optique. Sganarelle évoque un avertissement du Ciel. Don Juan s'emporte, le menace de coups et réclame à souper.

SCÈNE 2 : La Violette (laquais de Don Juan) vient annoncer la visite de Monsieur Dimanche, le créancier de Don Juan.

SCÈNE 3 : Monsieur Dimanche voudrait réclamer l'argent qu'on lui doit ; pour l'empêcher de parler, Don Juan comble son créancier de civilités et le traite en ami, l'autre s'en retourne ébahi, sans le moindre denier.

SCÈNE 4 : Un autre visiteur se présente : Don Louis, le père de Don Juan ; il écrase son fils de reproches et le renie. Pour toute réponse, Don Juan invite son père à s'asseoir ; Don Louis le maudit au nom du Ciel.

SCÈNE 5 : Don Juan souhaite la mort d'un tel père. Sganarelle enchaîne par une pirouette verbale, au service d'un bref instant comique.

SCÈNE 6 : Ragotin (laquais de Don Juan) annonce l'arrivée d'une certaine dame voilée ; il s'agit d'Elvire ; elle a rejoint son cloître, elle est toute imprégnée de l'amour de Dieu; le Ciel l'envoie pour sauver Don Juan. Elvire implore cet homme qu'elle a aimé d'une tendresse extrême : peut-il entendre l'appel de Dieu, recevoir sa grâce en acceptant cette offre de salut qui semble ultime? Don Juan invite Elvire à passer la nuit sous son toit, la jeune femme refuse et se retire.

SCÈNE 7 : Don Juan déclare qu'il vient de trouver quelque charme à la nouvelle personnalité d'Elvire, mais il faut songer à souper, bonne occasion pour le gourmand Sganarelle de se livrer à quelque pitrerie; quelqu'un frappe à la porte, Sganarelle se dérange pour ouvrir, puis il revient en imitant le signe de tête de la statue.

SCÈNE 8 : La statue du Commandeur entre et vient se mettre à table; Don Juan réclame à ses domestiques un couvert de plus, et ordonne à Sganarelle de boire et de chanter pour honorer son hôte; Sganarelle manifeste sa panique; la statue s'en va après avoir défié Don Juan : aura-t-il le courage de venir à son tour souper le lendemain? Don Juan accepte : il ira avec Sganarelle.

ACTE V

SCÈNE 1 : Nous retrouvons Don Louis; dès ses premières paroles il paraît comblé (Molière signale que Don Juan fait l'hypocrite) : le fils parle, en effet, de sa conversion, de ses remords. Le père est tout à sa joie, il décide d'aller apporter l'heureuse nouvelle à la mère.

SCÈNE 2 : Suit une conversation entre le valet et le maître. Sganarelle est heureux de voir son seigneur converti; Don Juan lui enlève bien vite cette belle joie : sa conduite était feinte; Sganarelle est très déçu, dérouté, il évoque l'intervention de la statue « animée »; Don Juan reconnaît qu'il y a là un phénomène qu'il ne comprend pas, mais c'est insuffisant pour le convaincre et l'émouvoir; les bonnes résolutions qu'il vient d'afficher reflètent une attitude politique : il veut ménager un père dont il aura encore besoin. Sganarelle se laisse aller à son indignation, Don Juan énumère alors les multiples avantages de l'hypocrisie : c'est un vice à la mode et fort privilégié, c'est une garantie de prestige social et de quiétude personnelle. Sganarelle est désarmé; son émoi l'entraîne à un verbiage parodique sur le thème de la déduction.

SCÈNE 3 : Don Carlos, fidèle à son engagement, revient solliciter Don Juan pour qu'il rejoigne Elvire en époux; Don Juan joue les dévots : Elvire a résolu sa retraite et lui, Don Juan, veut se consacrer à Dieu; il n'est donc plus question de vivre en mari et femme. Don Carlos ne se laisse pas convaincre par de tels arguments; il rappelle la promesse d'une rencontre en duel; Don Juan veut s'y dérober au nom du Ciel qui l'interdit. Don Carlos s'en va décidé à maintenir sa vengeance par l'épée.

SCÈNE 4 : Sganarelle aperçoit un spectre derrière Don Juan.

SCÈNE 5 : Le spectre apparaît en femme voilée; il prédit à Don Juan sa perte prochaine s'il refuse de se repentir immédiatement. Don Juan note l'audace de cette intervention dont il croit reconnaître la voix. Le spectre prend la figure du temps; Sganarelle est pétrifié de terreur; Don Juan veut vérifier la nature du spectre avec son épée; le fantôme disparaît.

SCÈNE 6 : La statue du Commandeur revient : « Arrêtez, Don Juan... Donnez-moi la main. » — « La voilà. » Don Juan ressent une terrible douleur : un feu invisible l'exécute [1]. Sganarelle est figé par l'effroi; il réagit enfin : le méchant homme est puni; tout le monde est vengé; lui seul est malheureux; il perd ses gages... ses gages.

---

1. Cf. les dernières paroles de Don Juan : « O Ciel! que sens-je? Un feu invisible me brûle, je n'en puis plus, et tout mon corps devient un brasier ardent. Ah! »

3 | Les personnages

DON JUAN

Don Juan et l'amour ou aspects de son « donjuanisme »

• *Au niveau des faits et des apparences*

Dès son entrée en scène, dans l'acte I, Don Juan aborde le thème de la conquête amoureuse : il vient d'abandonner Elvire pour un nouvel amour ; il décide ensuite qu'il est attiré par une autre jeune femme, parce qu'il y a obstacle : elle est fiancée et visiblement éprise de son amant :

« Mon amour commença par la jalousie... le dépit alarma mes désirs. »

Dans la scène 2 de l'acte II, Don Juan rencontre Charlotte ; il la voit pour la première fois et la trouve jolie :

« Sganarelle ? As-tu rien vu de plus joli... » Il la courtise immédiatement avec audace, et souligne son intérêt pour toutes les marques de sa beauté : son visage, ses yeux, ses dents, ses lèvres. Au rythme de ses observations, il la complimente avec aplomb ; sa sincérité pourrait être mise en doute mais son pouvoir persuasif défie la réalité et l'évidence ; selon Charlotte, ses mains sont « noires comme je ne sais quoi », Don Juan va lui prouver que lui les trouve les plus belles du monde : « Souffrez que je les baise, je vous prie. » Charlotte apprend à Don Juan qu'elle est fiancée ; l'obstacle attise ses désirs : il propose le mariage pour mener à terme sa conquête du cœur, mais aussi pour évincer l'autre : « Sachez que je n'ai point d'autre dessein que de vous épouser. » Avant la fin de la scène, Don Juan est pratiquement assuré des sentiments de la jeune fille, mais il lui faut une preuve définitive de sa victoire : il fait sa demande en mariage : « Ne voulez-vous pas consentir à être ma femme ? »

- « Oui, pourvu que ma tante le veuille. »

Survient Pierrot, le fiancé, il veut s'interposer puisque Charlotte lui est promise : or elle se range du côté de Don Juan et lui fournit ainsi une preuve supplémentaire de sa victoire : la réussite est assurée, mais il s'exprime encore au futur : « Je m'en vais être le plus heureux de tous les hommes... que de plaisirs quand vous serez ma femme... »

L'arrivée de Mathurine interrompt cette conversation ; Don Juan avait fait allusion à la beauté de la jeune fille en découvrant Charlotte : « Celle-ci vaut bien l'autre. » Notre personnage se trouve en présence de deux jolies filles, et le début de leur conversation nous apprend qu'il a entrepris la conquête de Mathurine juste avant la rencontre de Charlotte ; avec l'une et l'autre il en est au même point dans l'acheminement de son affaire : il leur a promis le mariage et elles sont toutes deux persuadées de la sincérité de ses intentions. A partir de là, Don Juan va s'efforcer de maintenir simultanément ses deux conquêtes à l'étape où il les a menées, et c'est important ; on pourrait considérer cet épisode avec les paysannes comme un jeu exclusivement spectaculaire et divertissant, sans lui accorder la moindre valeur psychologique ; dans ce cas, la théorie sur l'Amour par laquelle Don Juan « se présente » au public aurait des résonances bien légères, sinon gratuites ; en effet, si nous négligeons la scène avec les paysannes, pour apprécier la tactique amoureuse de Don Juan, Elvire restera la seule femme que ce « spécialiste de la séduction » essayera de conquérir (dans la scène 6 de l'acte IV) ; or la tentative de conquête est à peine ébauchée : « Madame, il est tard, demeurez ici... Madame, vous me ferez plaisir de demeurer, je vous assure. » Don Juan dira ensuite à Sganarelle qu'il a trouvé « de l'agrément dans cette nouveauté bizarre » ; il ne fait pas allusion au comportement mystique d'Elvire, mais à son habit négligé, à son air languissant, à ses larmes.

Si l'on fait un bilan, au service de la comptabilité amoureuse du personnage, Don Juan est attiré par quatre femmes en deux jours ; l'attrait féminin est lié à la beauté exclusivement physique et à la nouveauté ; il faut un obstacle minimum pour attiser le désir de cet homme ; il n'est jamais tenté de séduire une femme qui s'offre à lui. Son intérêt amoureux débute par un certain besoin d'enlèvement : il a sorti Elvire d'un couvent. Lorsqu'elle vient à lui dans l'acte I, elle lui déplaît. Dans la scène 6 de l'acte IV, Elvire parle de sa passion pour Don Juan « au passé »; elle l'aime « maintenant » d'une tendresse toute sainte, c'est-à-dire qu'elle aime Dieu à travers l'homme, selon les règles du christianisme; la démarche n'est pas celle d'une amante, mais celle d'un apôtre. La foi d'Elvire est une sorte d'obstacle, et un court instant, Don Juan éprouve un désir de conquête : Elvire appartient à Dieu.

Ainsi, parmi les femmes que convoite Don Juan, seule Mathurine ne semble pas retenue par quelque lien : en fait elle appartient à un milieu qui la sépare de Don Juan et forme un obstacle suffisant pour éveiller ses désirs de conquête.

En définitive, Don Juan n'épouse aucune des jeunes femmes qu'il rencontre, car au niveau des faits, et au-delà des règles de bienséance dramatique, la pièce de Molière est bien autre chose que l'histoire « d'un épouseur à toutes mains ».

● *Au niveau de ses intentions et de son « tempérament »*

Pratiquement dès son entrée en scène, Don Juan expose ses principes sur l'amour, et sur son propre comportement amoureux; car il s'agit bien d'une théorie mûrement réfléchie qui nous frappe par son unité et sa progression logique; Don Juan expose sa conception de l'amour comme une sorte « d'art de vivre » qu'il a choisi, pour se libérer des contraintes asphyxiantes de la fidélité, et s'épanouir « en volant de victoire en victoire »; ce choix correspond néanmoins à son tempérament : « J'ai une pente naturelle à me laisser aller à tout ce qui m'attire. »

A partir de là, pour Don Juan, l'amour est lié aux notions de beauté et de diversité; c'est une activité permanente faite de conquêtes qui s'enchaînent, c'est une façon de vivre qui s'appuie sur la liberté et le changement. Don Juan souligne le caractère philosophique de son attitude, en s'exprimant souvent à la troisième personne (il emploie l'indéfini : « On »); une telle conduite pourrait sembler enrichissante; elle exclut toute passivité, l'esprit de conquête étant maintenu par son renouvellement dans l'action.

Don Juan insiste beaucoup sur sa mentalité de conquérant, toute la seconde partie de sa théorie s'appuie sur des thèmes empruntés à la stratégie et au combat. Don Juan est sans doute capable de séduire par sa seule présence : sa personnalité, son charme, son élégance constituent certainement des attraits suffisants (la seule description de Pierrot fait déjà rêver Charlotte; verrait-elle Don Juan au loin, qu'elle en tomberait amoureuse sans qu'il eût besoin de lui parler; Molière ne l'a pas voulu ainsi, un tel personnage perdrait toute proportion héroïque; nous sommes en présence d'un homme qui gagne les cœurs par étapes : telle est sa jouissance et son art de vivre. « On goûte une douceur extrême à réduire par cent hommages le cœur d'une jeune beauté, à voir de jour en jour les petits progrès qu'on y fait... » (acte I, scène 2). Et Don Juan a besoin de constater ses progrès; il lui faut « des preuves »; ainsi le mariage est le signe de sa victoire définitive.

Don Juan et le Ciel

• Son scepticisme

Sur le plan religieux, Don Juan est avant tout un personnage qui cherche, qui hésite, se dérobe, s'interroge sans doute, et s'emporte faute de solution. La plupart de ses répliques laissent paraître cette indécision, voire un certain embarras; lorsqu'il s'agit de Dieu ou du Ciel, Don Juan s'exprime par des exclamations, des phrases non terminées, des silences, des termes approximatifs (cf. notre paragraphe sur la syntaxe, le vocabulaire et le style).

Don Juan est au fond incapable d'idéalisme et de rêve; il évolue dans un monde qui s'impose à lui, par ses dimensions sensorielles et logiques. Plus tard, lorsqu'un certain « au-delà » se manifestera par l'intermédiaire de la statue, Don Juan hésitera encore, faute de preuve suffisante : « Il y a quelque chose là-dedans que je ne comprends pas; mais, quoi que ce puisse être, cela n'est pas capable ni de convaincre mon esprit, ni d'ébranler mon âme » (acte V, scène 2).

Lorsqu'apparaît le spectre, Don Juan veut constater « sa réalité » : « Je veux éprouver avec mon épée si c'est un corps ou un esprit » (acte V, scène 5). Et Don Juan ira ainsi résolument jusqu'à la mort pour trouver la preuve de l'existence de Dieu.

● *Son besoin d'initiative et de conquête*

En fait, en religion comme en amour, Don Juan a une mentalité de conquérant : il prospecte, passe à l'action (cf. l'invitation de la statue), souhaite avancer dans son entreprise, aime constater ses progrès, conteste par ailleurs tout ce qui n'est pas vérifiable par la logique ou la sensation.

Cette âme de conquérant se retrouve également dans ce besoin d'aller jusqu'au bout de son entreprise : la « rencontre » avec le Commandeur se fait par étapes : découverte de la statue dont le visage s'anime à deux reprises; mobilité de cette statue qui vient dîner chez Don Juan, parle, repart, est peut-être complice du comportement d'autres visiteurs (cf. la femme voilée, le spectre), tend la main à Don Juan et le tue : preuve ultime de son « pouvoir d'action » comme le mariage traduit par un « acte » la conquête du cœur de la femme convoitée.

● *Le processus du joueur*

Pourtant, dans cette recherche de preuve et ce désir de conquête dont l'existence de Dieu est l'enjeu, Don Juan n'est pas plus grand vainqueur qu'en amour [1]; il constate finalement la preuve de l'existence de Dieu, et surtout son pouvoir, à travers sa propre mort (victoire et défaite simultanées : Don Juan va jusqu'au bout de son entreprise, il est apte à saisir la preuve qu'il recherchait au moment de son ultime douleur, mais « il perd » la vie).

En réalité, Don Juan cherche à conquérir le Ciel avec cette mentalité de joueur propre à son tempérament : il provoque, défie, prend des risques, mesure l'obstacle : l'essentiel est de poursuivre le jeu jusqu'au bout, quitte à tout perdre ou à tout gagner; ainsi Don Juan provoque le Commandeur en l'invitant à souper; lorsque la statue se rend chez lui, il continue à la défier et à prendre certains risques : il commande un couvert de plus, fait chanter Sganarelle; le Commandeur l'invite à son tour : Don Juan accepte et

---

1. Il fait naufrage, lorsqu'il part à la conquête de la jeune fiancée qu'il convoite. Il n'épouse ni Charlotte ni Mathurine. Dans la scène 6 de l'acte IV Elvire s'en va alors qu'il la prie de rester.

« il ira » : geste du joueur provoqué qui riposte ; certes, au terme du jeu, le Commandeur prendra le premier l'initiative de tendre la main à Don Juan ; mais il ne la saisit pas lui-même (il y a provocation, il n'y a pas obligation ; les deux personnages s'affrontent, la partie est égale jusqu'au bout). Don Juan riposte : il place résolument sa main dans celle du Commandeur ; le « Jeu » se termine par la mort de Don Juan. Finalement l'homme joue avec le Ciel la partie la plus inté-ressante de sa vie : il trouve sans doute pour la première fois un partenaire vraiment à sa hauteur ; ainsi la mentalité du joueur et celle du conquérant se confondent souvent. Je ne sais pas si le libertin Don Juan est un athée, un mécréant, ou un maudit : il ne s'interroge pas tellement sur l'existence de Dieu, mais sur son pouvoir sur les hommes, et plus préci-sément sur son aptitude à le dominer, lui, Don Juan. La mobilité de la statue n'est-elle pas déjà la preuve d'une certaine existence ? Lorsqu'elle vient souper, elle manifeste déjà son pouvoir d'action ; lorsqu'elle prend la main de Don Juan, elle le maîtrise, elle le domine ; telle est la preuve et la solution que cherchait l'homme pour résoudre son pro-blème : Dieu est-il capable d'agir, est-il maître du destin de l'humanité ?

Don Juan et les autres

Si l'on isole le Commandeur, le seul personnage que Don Juan rencontre vraiment « face à face », les autres se rejoi-gnent par le manque de considération absolu que leur accorde Don Juan ; nous les avons néanmoins classés en trois caté-gories dont la séparation est affaire de nuance plus que de différenciation : ceux dont il s'amuse - ceux dont il se déba-rasse - ceux qu'il exploite.

Si *Dom Juan* est l'histoire d'un grand seigneur méchant homme, on pourrait dire que toute sa méchanceté consiste « à se faire toujours passer avant les autres » : sa perfidie est liée à son égoïsme sans limite (l'intrigue de *Dom Juan* évolue au rythme d'une série de rencontres ; Don Juan et Sganarelle sont pratiquement omniprésents dans la pièce ; les autres ne font que passer, pour permettre à Don Juan de manifester son égoïsme).

- ● *Ceux dont il s'amuse*

Ils représentent les personnages que Don Juan exploite au service de son plaisir : pour se divertir, pour combler une certaine forme de désœuvrement pendant les quarante-huit heures de la pièce de Molière : Don Juan ne fait rien, sinon entreprendre des conquêtes amoureuses et « se tirer » des ennuis que lui impose le destin, ou qu'il provoque lui-même par sa façon de jouer avec la vie.

Mathurine et Charlotte font partie du jeu de l'amour; le Pauvre appartient à une autre forme de jeu que nous allons aborder maintenant.

- *Le Pauvre*

Don Juan rencontre un pauvre et lui demande son chemin; l'homme indique la route à suivre, et Don Juan le remercie fort civilement; le pauvre réclame alors l'aumône, et ce geste exaspère Don Juan, car en échange l'homme promet de prier le Ciel; or, Don Juan ne peut supporter l'illogisme de l'humanité : comment ce mendiant peut-il croire en la bonté de Dieu et accepter qu'Il le laisse dans un tel dénuement ? Mais Don Juan n'a nullement envie de poursuivre une conversation philosophique avec ce pauvre hère; très vite, il profite de la situation pour s'amuser, en passant, ne serait-ce qu'un instant; Don Juan a un peu cette mentalité des badauds méditerranéens quêtant le jeu au rythme des heures, de leurs rencontres, de leurs loisirs, de leur déplacement : ils ont le goût de la mise, de l'enjeu, du pari avec n'importe qui, à propos de n'importe quoi, et ils abordent avec le même esprit les broutilles et le gros butin : l'essentiel étant de risquer, de parier bien plus que de gagner.

En quoi consiste donc ce jeu du louis d'or ?

Au niveau des faits, le terme n'est pas utilisé par Molière mais toute l'attitude de Don Juan signifie bien : « je parie » que je vais te faire jurer pour un louis d'or; éventuellement il fait miroiter la pièce, la lance, la tend, la retire, la remet dans sa bourse et la ressort. Patrice Chereau [1] a fort bien éclairé ce jeu du louis d'or, dans sa mise en scène : Don Juan, qu'il campe en aventurier de grand chemin, hante les routes

---

1. Metteur en scène contemporain qui a interprété Don Juan de Molière d'une façon très audacieuse, cf. notre chapitre : L'accueil fait à la pièce et sa signification au rythme des temps.

avec pour tout bagage une charrette à bras que tire Sganarelle. Lorsqu'il rencontre le Pauvre : petit, maigre et tassé, il le juche sur la charrette, et là commence le jeu : tout en « appâtant » le mendiant avec la pièce, Don Juan le fait monter et descendre en manipulant la charrette comme une balançoire.

Don Juan perd-il vraiment la partie, ou décide-t-il de s'arrêter de jouer ? Peu importe, car ce genre de pari n'a peut-être pas plus d'importance pour lui que n'en aurait aujourd'hui une partie de dés pour le badaud, au bistrot du coin... Et Don Juan jette sa pièce « pour l'amour de l'humanité » : parole désinvolte qui accompagne le geste du joueur lorsqu'il a décidé qu'il est l'heure de rentrer (est-ce une certaine façon de dire : « Au fait combien je te dois ? »)? - Parole grave et profonde qui symbolise la philosophie du libertin qui n'est pas philanthrope mais nie Dieu dans la mesure où il croit à la puissance de l'homme ? - Parole qui précise la portée du geste : Don Juan soulignerait alors qu'il ne donne pas ce louis par charité chrétienne, confondant l'amour de Dieu et du prochain, mais au nom de « l'Humanité » absolue et toute-puissante par elle-même : ce culte de l'Humanité s'oppose alors textuellement au culte de Dieu, à l'amour d'autrui.

Mais, le jeu du louis d'or peut être aussi motivé par des intentions libertines d'une extrême cruauté [1].

• Ceux dont il se débarrasse

Nous avons rassemblé ici Elvire (acte I, scène 3), Monsieur Dimanche, Don Louis (acte IV, scène 4) et Pierrot.

Certes, tous ces personnages n'importunent pas Don Juan au même degré; certains ont une double fonction, cf. Elvire dans « Don Juan et l'amour », Don Louis dans « Ceux qu'il utilise ».

- Pierrot

Il ne fait que passer lorsque Don Juan courtise Charlotte (certes Don Juan l'a également utilisé en situation de naufrage, mais l'épisode se déroule dans les coulisses).

Don Juan se débarrasse très rudement de Pierrot : il le pousse et le frappe, cela semble de prime abord le comble de l'ingratitude : aspect de la cruauté et du mépris de la classe

1. Cf. la note p. 20

des seigneurs, l'attitude de Don Juan n'est certes pas dépourvue de méchanceté, mais il faut également observer que Pierrot importune Don Juan au moment où la conquête de Charlotte prend un caractère intime :

(Don Juan s'adressant à Charlotte) « Et souffrez que par mille baisers... »

Pierrot s'interpose alors et pousse « le premier » Don Juan : celui-ci riposte avec une rudesse de plus en plus agressive, mais n'est-ce pas lui, Don Juan, l'élu du cœur de Charlotte ? Pierrot réclame des droits que Charlotte ne lui a jamais accordés (cf. la scène précédente) : il se voudrait amant, il n'est qu'un « fâcheux » et Don Juan le traite comme tel.

- Monsieur Dimanche

Au moment où Don Juan va s'installer pour souper, Monsieur Dimanche, son créancier, vient lui réclamer de l'argent. Don Juan désire s'en débarrasser au plus vite sans le rembourser, et tout en ménageant un homme dont il aura encore besoin; Molière grossit les procédés qui traduisent les intentions de Don Juan car il tient à situer la scène dans un contexte comique : il conditionne ainsi la sensibilité du spectateur avant l'arrivée de la statue. La courtoisie de Don Juan pour ménager Monsieur Dimanche, son audace pour ne pas le rembourser, le rythme précipité de son élocution pour le mettre à la porte au plus vite et l'empêcher de réclamer son dû, sont essentiellement au service du comique. En revanche, les détails observés par Don Juan lorsqu'il est allé chez Monsieur Dimanche sont révélateurs : ou bien il est allé souvent chez Monsieur Dimanche pour lui emprunter de l'argent, et il ne peut ignorer aucun détail concernant la famille de son créancier; ou bien Don Juan est particulièrement prévoyant : lorsqu'il va chez un homme dont il aura besoin, il prend la peine d'observer et de retenir tout détail pouvant lui servir.

- Elvire dans la scène 3 de l'acte I

Don Juan aperçoit Elvire; la tenue de la jeune femme annonce son désarroi, et Don Juan la trouve, en l'occurrence, déplacée (peut-être inesthétique, et peu séduisante à son goût); le regard de l'époux reflète un certain déplaisir, et traduit certainement l'absence de toute émotion; Elvire ne s'y trompe pas : « Le coup d'œil qui m'a reçue m'apprend bien plus de choses que je ne voudrais en savoir... » Et Don Juan « se débarrassera » d'Elvire d'une façon ignoble et très cruelle : il la reçoit en présence de son valet, ne l'invite pas à s'asseoir, demande au valet d'intervenir dans une conversation qui devrait être intime, n'adresse pas à Elvire la moindre excuse et ne se reconnaît aucun tort; certains reproches justifiés se mêlent au désarroi de la jeune femme, Don Juan riposte par des effets de mots et des artifices de phrases.

Non content d'avoir humilié la jeune femme et de la laisser tout à son chagrin et à sa déception, sans qu'il fût question du moindre délai, du moindre espoir, Don Juan l'expose au remords : elle venait lui demander des comptes à lui, Don Juan; elle-même n'a-t-elle pas de comptes à rendre à Dieu ?

Finalement Don Juan se débarrasse d'Elvire avec une telle cruauté pour quatre raisons :

- il a terminé sa conquête et sa passion pour elle est complètement éteinte;

- elle appartient au passé, et seul le présent intéresse Don Juan;

- il a un autre amour en tête;

- Elvire lui demande des comptes, l'interroge, le juge...

(Don Juan permet cette attitude au seul Sganarelle, et à condition de l'y inviter lui-même.)

Elvire reproche enfin à Don Juan de ne pas savoir « feindre en homme de cour ».

- *Don Louis dans la scène 4 de l'acte IV*

Le renvoi de Don Louis se traduit par deux répliques suffisamment lourdes de haine et de mépris pour qu'elles se passent de tout commentaire :

DON LOUIS : « Apprenez... qu'un gentilhomme qui vit mal est un monstre dans la nature... »

DON JUAN : « Monsieur, si vous étiez assis, vous en seriez mieux pour parler. »

(Scène 5) DON JUAN : « Eh ! mourez le plus tôt que vous pourrez, c'est le mieux que vous puissiez faire... » (Certes Don Louis est déjà sorti).

En réalité, Don Louis est diamétralement opposé à Don Juan ; il n'y a pas la moindre affinité entre les deux hommes ; le père ne le fait-il pas remarquer lui-même : « Nous nous incommodons étrangement l'un l'autre... »

Don Louis importune Don Juan par sa « seule existence » : le fils ne supporte pas plus la présence que les reproches du père, l'incompatibilité est totale.

• Ceux qu'il utilise

Nous avons groupé dans cette catégorie : Don Carlos, Sganarelle et Don Louis (dans la scène 1 de l'acte V).

- Don Louis

La façon dont le père est utilisé au début de l'acte V ne retiendra pas longtemps notre attention. La scène est de courte durée, sa valeur est plus symbolique que psychologique : elle prépare l'exposé de Don Juan sur l'hypocrisie, dans la scène suivante.

L'utilisation du père ne se situe pas au niveau des faits immédiats : elle est politique et spéculative ; Don Juan dira à propos de son attitude hypocrite : « C'est un dessein que j'ai formé par pure politique... pour ménager un père dont j'ai besoin et me mettre à couvert du côté des hommes de cent fâcheuses aventures qui pourraient m'arriver. »

(« Du côté des hommes » n'est pas sans importance : Don Juan suggère-t-il qu'il y a un autre monde qui échappe à toute intervention du père, et qu'il y a bien : « une affaire entre le Ciel et lui » ?)

- Don Carlos

De prime abord, il peut sembler paradoxal de ranger Don Carlos parmi les personnages qu'utilise Don Juan : n'est-ce pas le seul auquel il porte spontanément secours ? La rencontre avec Don Carlos illustre l'unique instant où Don Juan oublie sa conduite égoïste et ses principes libertins, pour agir « instinctivement » au nom d'une certaine générosité ? d'une certaine morale ? d'un certain honneur ? d'un certain oubli de soi ?... (bref instant que Molière a sans doute jugé nécessaire pour « humaniser » le « mythe » : « Un homme attaqué par trois autres ? La partie est trop inégale, et je ne dois pas souffrir cette lâcheté. »)

C'est apparemment un bel acte de courage et de générosité, mais c'est peut-être aussi le reflet d'un geste habituel : Don Juan a le goût du risque, du jeu, de la conquête, il aime vaincre l'obstacle et n'hésite pas, sans doute, à manier l'épée.

Ce beau mouvement dure une minute à peine dans la pièce ; la conversation qui va suivre remet immédiatement Don Juan à sa place : sous le signe de l'égoïsme et de l'amour de soi. Don Juan apprend que Don Carlos est à la poursuite de l'indigne époux de sa sœur Elvire ; notre personnage pourrait immédiatement se débarrasser de son poursuivant : son épée est à peine rengainée et Sganarelle serait le seul témoin. Don Juan préfère « utiliser » Don Carlos ; il le ménage également par politique : il se renseigne sur ce qui peut lui arriver, et renforce dans le cœur de Don Carlos ce sentiment de reconnaissance, d'admiration et de respect qu'a éveillé son intervention.

- *Sganarelle : au service de Don Juan*

On a plutôt envie de placer Sganarelle « hors catégorie » ; les désignations qu'on utilise pour définir ses rapports avec Don Juan sont tellement nombreuses et parfois paradoxales, que toute classification devient contestable. Or, ne serait-ce que par son rôle de valet, Sganarelle est essentiellement un personnage que Don Juan utilise.

- *Le valet.* En tant que valet, Sganarelle reçoit des ordres de Don Juan et parfois des soufflets, il sert à table, ouvre les portes, reçoit des gages.

- *Le bouffon.* Sganarelle joue également le rôle de « fou du roi » : il sait chanter, mimer, faire des grimaces, parodier... Il fait le pitre pour amuser le spectateur, mais par la même occasion, il ne manque pas de distraire son maître : Don Juan provoque souvent lui-même les clowneries de Sganarelle.

- *Un auditeur qui sait écouter sans « entendre ».* Le rôle d'auditeur que Don Juan fait jouer à Sganarelle est important (c'est d'ailleurs un procédé dramatique : Molière n'utilise pas le monologue) ; l'auteur a voulu que Don Juan soit un isolé; or le seul moyen de nous communiquer les intentions et les sentiments de son personnage, tout en respectant son état solitaire, était de le placer en face d'un interlocuteur qui sache l'écouter sans vraiment comprendre le sens de ses propos.

- *Son rapporteur* - *son juge.* Pourtant Sganarelle n'est pas muet, bien au contraire. Don Juan le presse parfois de questions, car comme tout bon valet, Sganarelle est souvent averti avant son maître des « dernières nouvelles » (cf. la conversation avec Gusman annonçant la visite d'Elvire et de sa suite).

D'autre part, le maître invite souvent le valet à donner son avis, à prononcer un jugement, à émettre une opinion sur un thème ou une idée qui l'intéresse, lui, Don Juan. Cette attitude est assez complexe et les intentions qui la dictent varient très certainement avec l'humeur du gentilhomme; peut-être est-elle parfois libératrice : le maître enlève un instant la laisse pour permettre au « toutou » de courir où bon lui semble : en l'occurrence de s'exprimer en toute liberté : « Je te donne la liberté de parler et de me dire tes sentiments »; elle peut correspondre à des motivations d'ordre social : une prise en considération de la franchise populaire dont Sganarelle serait le symbole, l'hypocrisie étant la marque des courtisans.

- *Un certain « miroir-vérité ».* Don Juan interroge également Sganarelle « comme son miroir-vérité » : il a besoin de sonder périodiquement son pouvoir hypnotique et sa puissance subjugante sur Sganarelle - le procédé est cher à Molière; à un moindre degré et avec une tactique différente Tartuffe se comporte ainsi avec Orgon; Célimène traite Alceste de la même manière. Don Juan cherche à savoir si Sganarelle a encore une certaine personnalité, un jugement autonome, s'il est capable de sincérité et d'audace, ou si c'est définitivement un perroquet qui l'imite, ou une marionnette dont il tire les ficelles.

- *Une conquête qui n'a pas encore abouti.* Sganarelle représente éventuellement l'enjeu d'une conquête en voie d'accomplissement : tant que l'emprise du maître ne sera pas totale, le valet sera capable de lui plaire.

- *Un compagnon de longue date.* Enfin, Sganarelle est sans doute au service de Don Juan depuis longtemps; une

certaine complicité, une sorte d'intimité s'est installée nécessairement entre les deux hommes; Sganarelle le précise lui-
même dans la scène 2 de l'acte I : « Eh! mon Dieu, je sais
mon Don Juan sur le bout du doigt... » Sganarelle est d'ailleurs tout au long de la pièce (ne serait-ce que par sa présence
constante) le compagnon et le complice de Don Juan, avec
toutes les nuances et les divergences qu'entraînent ces deux
caractérisations : ami de cœur traité par instant sur un plan
d'honnête égalité - présence unique et indispensable dans
le gouffre de l'isolement où s'est jeté Don Juan - témoin que
l'on exploite en cas de besoin - avant-garde que l'on expose
en guise de bouclier - ou « un certain Lucky » enchaîné par
« un certain Pozzo » (cf. le couple d'*En attendant Godot*
de Beckett : Don Juan, à sa manière, fait « danser » puis
« penser » Sganarelle).

SGANARELLE PAR LUI-MÊME

Après Don Juan, Sganarelle est le seul personnage de la
pièce qui me semble avoir une certaine dimension psychologique en tant qu'individu, car on le voit au moins le temps
d'une scène hors la présence de Don Juan : acte I, scène 1.
En fait toute la personnalité de Sganarelle est éclairée
par cette conversation avec Gusman, de même que la réelle
explication de ses rapports avec Don Juan jaillit dans la
dernière réplique de l'acte V.

• *Sganarelle se substitue à Don Juan*

La discussion est déjà entamée au lever du rideau : le valet
Sganarelle en présence du valet Gusman s'est lancé dans une
belle démonstration oratoire sur les bienfaits du tabac. Le
public de l'époque ne peut s'y méprendre : Sganarelle joue
« les gentilshommes libertins ». L'usage faste ou néfaste du
tabac alimentait les conversations à la cour et dans les salons :
on en discutait la valeur médicale et le bon usage. Dans les
églises, du haut des chaires, on condamnait le tabac comme
« le dessert des Enfers ». Depuis un siècle déjà, on trouvait
en France du tabac à priser, mais Louis XIII en avait interdit la vente et son prix avait été jusqu'alors suffisamment
élevé pour être un luxe de seigneur; or Sganarelle tient une
tabatière (qu'il a peut-être « chipée » à Don Juan) et la mise

en scène peut l'inciter à priser au cours de la conversation : Sganarelle « imite » un gentilhomme qui donne dans les mœurs libertines par un geste immoral (interdit par l'Église) et récemment encore clandestin (vente du tabac interdite par Louis XIII). Parallèlement à son acte, Sganarelle « parodie » le langage de son maître. Il affirme les vertus du tabac avec une puissance d'argumentation alimentée de références, qui ressemble fort à une « théorie philosophique » et qui rejoindra dans la scène suivante le ton et les propos de Don Juan sur l'amour.

En l'occurrence, Sganarelle imite Don Juan parce qu'il est en présence du valet Gusman : son égal sur le plan social ; il cherche à impressionner l'autre, à fanfaronner, à dominer pour une fois, lui le larbin qui subit toujours le maître (cf. la suite de la pièce) ; et puis, Sganarelle cherche peut-être un peu à faire dévier la conversation, à distraire Gusman de sa démarche initiale : « les raisons de la fuite de Don Juan ». Sganarelle n'aime pas tellement « se tremper » dans les ennuis de son maître.

• *Sganarelle ne peut pas se passer de Don Juan*

Nous ferons ici le point sur le couple « Don Juan - Sganarelle » en observant la suite de la conversation avec Gusman, soit le portrait médisant de Don Juan brossé par son valet. Le serviteur critique son maître avec un emportement sans limite, sa hargne accumule les accusations lourdes d'insultes, et aucun terme ne semble assez éloquent pour caractériser l'ignominie d'un tel homme. Nul ne sait, en l'occurrence, où s'arrête la médisance et où commence la calomnie. Certes, Sganarelle est sincère lorsqu'il souhaite Don Juan « aux cinq cents diables » et il a, sans aucun doute, très peur de lui ; pourtant, quel désarroi dans ce « mes gages ! » qui termine la pièce ! Sganarelle est également sincère lorsqu'il dit : « Il n'y a que moi seul de malheureux » et lorsqu'il prétend « qu'il me vaudrait bien mieux d'être au diable que d'être à lui ». Finalement le paradoxe ne dépasse pas le cadre des paroles ; en réalité, Sganarelle ne peut plus se passer de Don Juan : il oublie, en effet, en sa présence qu'il n'est « qu'un pauvre type » ; il a besoin de le voir pour l'imiter ; il a besoin de le suivre, pour avoir l'impression de lui ressembler. Initialement enchaîné par la crainte et le besoin d'argent, Sgana-

relle est devenu un être complexé qui vit à travers Don Juan
et n'existe que par lui : le valet est « devenu » seigneur, mais
il lui arrive de se révolter, lorsqu'il réalise qu'il s'agit seulement d'un jeu.

LES AUTRES PERSONNAGES

Hors la présence de Don Juan, ils ne font que passer (cf.
Charlotte et Pierrot). A l'exception de Sganarelle, tous les
personnages de la pièce n'existent qu'à travers leurs rapports
avec Don Juan. On les rassemble souvent en les traitant de
victimes - en fait, ils pensent comme tous ceux de telle classe
ou de tel milieu; « ils jugent » comme telle génération, ils
s'expriment au nom de tel mouvement moral ou religieux.
Ils sont finalement très stylisés, leur dimension est unique et
ils rejoignent très exactement « la statue » du Commandeur :
ce sont des symboles.

— Elvire est « l'épouse » éplorée et la grande dame
humiliée - plus tard elle sera « la messagère » de la grâce
divine.

— Don Carlos a le sens de l'honneur et de la reconnaissance qui appartient à sa classe.

— Don Alonse rejoint exactement son frère. Le culte de
la reconnaissance est remplacé par celui de la vengeance :
c'est une affaire de contexte : Don Juan ne lui a pas sauvé la
vie.

— Don Louis est le représentant de la noblesse ancestrale parallèlement à son rôle de père offensé.

— Charlotte, Mathurine et Pierrot incarnent parfaitement les paysans de l'Ile-de-France de l'époque : ils sont
roublards, intéressés, ils se courtisent en chahutant, mais
ils sont braves, directs, sincères dans leur comportement et
dans leurs propos.

— Monsieur Dimanche est le type même du marchand
et du créancier « récemment parvenu ». En réalité, le seigneur
est financièrement sous sa dépendance, mais par sa personnalité encore très rustre, le bourgeois est à la merci du gentilhomme.

— Le Pauvre est le symbole même de la religion contem-
plative des simples; il est la caricature d'une certaine forme
de dévotion.

4 | Aspects formels de la pièce

LA STRUCTURE [1]

● *Les libertés par rapport à la doctrine classique*

Les détracteurs de *Dom Juan*, parallèlement à leur condamnation d'ordre religieux et moral, ont méprisé la pièce, pour son non-conformisme aux règles classiques : le texte est rédigé en prose, Molière fait évoluer dix-sept personnages dans sa comédie, chaque acte se situe dans un décor différent, la durée de l'intrigue s'étale sur quarante-huit heures, enfin l'action est formée d'une série de rencontres et d'événements souvent fortuits, qui lui enlèvent toute unité : au premier acte, Don Juan est poursuivi par Done Elvire; au second acte, Don Juan, après un naufrage, courtise deux paysannes, et le thème de la poursuite est seulement repris dans la dernière scène de l'acte; cette affaire entre Elvire et Don Juan occupe deux scènes sur cinq dans le 3ᵉ acte, une scène sur huit dans le quatrième acte et une scène sur six dans le cinquième acte. Quant à la rencontre avec la statue du Commandeur, elle se situe seulement au 3ᵉ acte, et ne présente aucun rapport avec l'abandon d'Elvire; son intérêt dramatique est rompu par d'autres événements dans les actes IV et V.

---

1. Rappelons que Molière, pressé par les besoins financiers de sa troupe, a rédigé son *Dom Juan* en quelques semaines; il a sans doute un peu négligé l'aspect formel de sa pièce au profit du sens et de la mise en scène. En conséquence, nous ne nous attarderons pas sur ce chapitre.

Au-delà des règles classiques, la pièce évolue néanmoins selon une certaine unité d'intérêt.

Les caractéristiques essentielles du personnage principal suivent une progression évidente ; Don Juan provoque le Ciel avec une audace de plus en plus marquée et sa recherche de la puissance de Dieu suit un mouvement ascendant : il nargue effrontément Elvire et l'humilie sous le couvert du Ciel : « Le repentir m'a pris, et j'ai craint le courroux céleste » - Dans l'acte II, il s'emporte lorsque Sganarelle lui reproche de ne pas rendre grâce au Ciel de l'avoir sauvé de la noyade - Il cherche à convaincre Charlotte de sa sincérité « au nom du Ciel » - Il précise les causes de son impiété dans l'acte III : « Je crois que deux et deux sont quatre » - Il incite un pauvre au blasphème dans la scène 2 de l'acte III - Il réaffirme sa conception libertine de l'amour dans la scène 5 de l'acte III - A la fin de la même scène, il nargue la statue : symbole de la Mort et du meurtre qu'il a commis - Il juge avec mépris le signe de la statue dans la scène 1 de l'acte IV - Il souhaite la mort de son père dans la scène 5 de l'acte IV - Il refuse la « grâce » dont Elvire est l'ambassadrice dans la scène 6 de l'acte V, puis il « joue la comédie » du repentir, de la conversion, de la profonde dévotion, sans réagir à l'avertissement du spectre qui lui offrait peut-être une dernière chance de salut. Don Juan est peut-être hypocrite dès le début de la pièce : pour camoufler ses mensonges, les feintes de son comportement, ses dérobades, il n'hésite pas à évoquer le Ciel dès les premières scènes ; ses attitudes sont, en réalité, pur stratagème pour mener ses entreprises comme il l'entend ; en amour, il jure au nom du Ciel et c'est une tactique, de même qu'il joue les dévots dans le cinquième acte par « pure politique », comme il le précise lui-même. Finalement, les rencontres et les incidents qui s'enchaînent, en apparence fortuitement et sans ordre déterminé, sont en réalité au service de cette courbe de l'hypocrisie qui va du mensonge jusqu'à la fausse dévotion ; une seule trêve rompt cette ascension : l'instant de franchise et de générosité spontanées avec Don Carlos ; cette rupture est brusque et de courte durée ; très vite, Don Juan recommence à mentir en évoquant une amitié qui n'existe pas. Parallèlement à cette courbe de l'hypocrisie, Molière fait évoluer sa pièce selon une suite d'avertissements, de prophéties, de malédictions qui impliquent « le Ciel » ou une certaine fatalité. Les manifestations sont de plus en plus graves, inquiétantes, précises et de caractère progressivement extra-terrestre ; elles déterminent d'une façon également ascensionnelle les craintes de Sganarelle : sa peur - son effroi - sa panique. Le défi et l'audace de Don Juan évoluent au rythme d'une surenchère : obstiné et fidèle à ses principes empiriques dans sa recherche du pouvoir de Dieu, il refuse la croyance et le culte des hommes quelle que soit la précision des avertissements célestes qui s'imposent à lui, il « provoque » sa propre mort pour s'assurer de la puissance divine, c'est-à-dire en ce qui le concerne, la malédiction de Dieu par « un fait indéniable ». La mentalité de Don Juan s'appuie sur une formule logique : si Dieu existe et a un pouvoir sur les hommes, Dieu punit les impies - Don Juan est un homme - Si Don Juan est impie, Dieu le punira et lui prouvera ainsi son pouvoir.

Illustration de la courbe des avertissements célestes : Sganarelle fait allusion au courroux du Ciel (acte I, scène 1). Sganarelle annonce que les libertins ne font jamais bonne fin (acte I, scène 2). Elvire prédit l'intervention du Ciel : « Le Ciel te punira » (acte I, scène 3). Pierrot rend compte du naufrage au cours duquel Don Juan aurait pu périr (acte II, scène 1). Sganarelle précise que son maître s'efforce d'attirer la colère du Ciel en ne lui rendant pas grâce de l'avoir épargné (acte II, scène 2). La fin de l'acte II nous apprend que Don Juan est recherché par douze hommes à cheval. A partir de l'acte III, les manifestations du Ciel sont de plus en plus fréquentes et précises : cf. la découverte de la statue, ses signes de tête, sa venue, son invitation, le retour d'Elvire messagère de la Grâce, la malédiction du père, l'intervention du spectre et du temps.

LE VOCABULAIRE ET LE STYLE

Molière n'a pas eu le temps de rédiger *Dom Juan* en alexandrins bien frappés, mais il a travaillé les répliques de ses personnages avec un soin évident, au service de leur réalité sociale, de leur vérité psychologique, de leur rôle symbolique ou de leur place dans l'actualité de l'époque.

Don Juan

- Son scepticisme religieux se reflète par l'emploi d'interrogatives, d'exclamatives, de phrases non terminées, de termes imprécis ponctués de silence lorsqu'il est question de Dieu (cf. la scène 1 de l'acte III : « Laissons cela - Oui, oui - Ah ! ah ! ah ! - La peste soit du fat ! »).

- Sa théorie sur l'amour sous le signe de la « conquête » est riche en termes empruntés à la stratégie et au combat (cf. la scène 2 de l'acte I) : « combattre », « triompher », « qui volent de victoire en victoire ».

- Son esprit logique apparaît dans la structure de ses théories (cf. ses exposés sur l'amour : acte I, scène 2, et sur l'hypocrisie : acte V, scène 2) qui sont organisées selon des rapports de cause à effet; elles partent de considérations générales vers des exemples particuliers ou personnels.

- Le grand seigneur s'exprime comme un gentilhomme habitué aux fréquentations mondaines. Don Juan a l'art des réparties brillantes, habiles, ironiques et spirituelles à l'occasion. Le langage de Don Juan n'est pas seulement un moyen de communication. Comme on s'y entraîne à la Cour et dans les salons, il sait filer une image, faire rebondir une idée, manier les jeux de mots, alimenter une conversation, l'orienter, y couper court, et déterminer aussi le comportement de ses interlocuteurs au gré de ses désirs (cf., dans la scène 3 de l'acte I, la réplique à Elvire : « Je vous avoue, Madame, ... » et surtout la conversation avec Monsieur Dimanche, acte IV, scène 3).

- « Le faux dévot » de l'acte V sait utiliser le langage du mystique touché par la grâce : « Le Ciel... a touché mon âme et dessillé mes yeux... je vois les grâces que sa bonté m'a faites... m'efforcer d'en obtenir du Ciel une pleine rémission » (cf. la scène 1).

Puis dans la scène 3 avec Don Carlos : « Le Ciel a inspiré à mon âme... je n'ai point d'autre pensée... que de quitter entièrement tous les attachements du monde... » et enfin son attitude concernant le duel : « ... Ce n'est point moi qui veux me battre; le Ciel m'en défend la pensée; et, si vous m'attaquez, nous verrons ce qui en arrivera », est sans doute inspirée de la septième Provinciale de Pascal qui raillait ainsi la morale des Jésuites : « Si un gentilhomme est appelé en duel, il peut, pour conserver son honneur, se trouver au lieu assigné, non pas avec l'intention expresse de se battre en duel, mais seulement avec celle de se défendre si celui qui l'a appelé l'y vient attaquer injustement et son action sera toute différente elle-même, car quel mal y a-t-il d'aller dans un champ, de s'y promener en attendant un homme et de se défendre si l'on y vient attaquer et ainsi n'y pêche en aucune manière puisque ce n'est point du tout accepter un duel, ayant l'intention dirigée à d'autres circonstances. »

Elvire

C'est une jeune femme de noble famille habituée aux rigueurs de l'éducation, aux bienséances, au contrôle de soi. Dans la scène 3 de l'acte I, son dépit, son amertume et son désarroi sont extrêmes, puis plus loin sa colère contre Don Juan, son humiliation et sa honte sont profondément ressenties. Certes, Elvire éclate en reproches mais ses sentiments ne se débrident pas avec indécence ; son langage est empreint de dignité (c'est une des raisons pour lesquelles on a souvent donné à Elvire une dimension toute racinienne). « N'attends pas ici que j'éclate en reproches et en injures... Le Ciel te punira, perfide... appréhende du moins la colère d'une femme offensée ». La noblesse tragique d'Elvire, sa passion plus profonde que virulente apparaissent également dans le ton et l'harmonie de son langage mystique et de son imploration (acte IV, scène 6) (cf. les phrases au rythme pair de 12 - 8 - 10 - 6 syllabes, la répétition de « vous » qui ponctue son imploration comme certains textes liturgiques).

Sganarelle

Lorsqu'il veut imiter Don Juan, l'allure de ses phrases, la structure de ses répliques (et certainement les intonations de sa voix) sont parodiques et elles forment contraste avec la sémantique [1] obscure et incohérente due à l'utilisation de termes tantôt familiers tantôt érudits qui s'enchaînent en imbroglio (cf. les répliques de l'acte I, scène 1, son inter-

---

1. Le sens, la signification d'un texte par opposition à son aspect, à sa forme qui concernent la morphologie et la syntaxe.

vention dans l'acte I, scène 3 : « Madame, les conquérants, Alexandre et les autres... »). Le même procédé est utilisé au niveau de la syntaxe (acte V, scène 2, dernière réplique) mais la sémantique est sous le signe du cliché proverbial et populaire : « Tant va la cruche à l'eau... »

Mathurine, Charlotte, Pierrot

Dans l'acte II ils s'expriment dans le plus pur dialecte des paysans de l'Ile-de-France, à la fois compréhensible et drôle pour les Parisiens qui auraient été insensibles au langage d'une province trop éloignée.

Don Louis, Don Carlos, Don Alonse

Ils s'expriment en aristocrates qui châtient leur langage et respectent la syntaxe qu'ils ont apprise, quel que soit le débridement de leurs sentiments : « Ah ! traître, il faut que tu périsses » (cf. Don Alonse, acte III, scène 4) ressemble bien au langage des princes dans les tragédies.

5 Le comique de « Dom Juan »

Molière écrivit *Dom Juan*, à une époque de sa carrière où il s'était temporairement éloigné du théâtre de farce, au niveau du thème et de l'écriture ; chronologiquement situé entre *Tartuffe* et *le Misanthrope*, *Dom Juan* appartient à la trilogie des grandes comédies audacieuses, graves et presque pathétiques au niveau du texte ; mais sans doute très amusantes au niveau du spectacle, puisqu'il s'agit bien de comédies. En d'autres termes, le comique de *Dom Juan*, comme celui du *Tartuffe* et du *Misanthrope*, relève essentiellement de la mise en scène.

LE COMIQUE ET LES PERSONNAGES

• *Don Juan « animateur d'un spectacle de marionnettes »*

Don Juan ne fait jamais rire à ses dépens ; dans les situations les plus embarrassantes qui pourraient le ridiculiser (cf. la scène 4 de l'acte II où Don Juan évolue entre Charlotte et Mathurine) Molière laisse à son personnage principal une allure de seigneur éblouissant par son aisance et son audace. En revanche, Don Juan orgueilleux et joueur se comporte parfois comme un animateur d'un spectacle de marionnettes dont il tire les ficelles ; son habileté, son besoin de défier, sa tendance au mépris, le rendent apte à transformer tous les personnages qu'il côtoie ou qu'il rencontre, en pantins dont il dirige le ballet : il est « maître » du bouffon Sganarelle - il « provoque » l'amertume et la rancœur d'Elvire dans la scène 3 de l'acte I - il « mène le jeu » des paysannes et de

Pierrot dans l'acte II - il « prend l'initiative » de jouer au louis d'or avec le Pauvre dans la scène 2 de l'acte III - il ment effrontément à Don Carlos dans la scène 3 de l'acte III et « dirige » ainsi les répliques et les réactions du frère d'Elvire - il « se rit » de Monsieur Dimanche dans la scène 3 de l'acte IV - il ridiculise les remontrances de son père dans la scène 4 de l'acte IV, par une réponse sèche, inattendue, effrontément terre à terre : « Monsieur, si vous étiez assis, vous en seriez mieux pour parler. » - Dans la scène 8 de l'acte IV, le Commandeur lui-même serait un élément de dérision, s'il ne se transformait, au-delà de la fantaisie et du caprice de Don Juan, en une effrayante statue mobile : l'invitation à souper prononcée par Sganarelle, avec force cérémonie, « Seigneur Commandeur, mon maître Don Juan vous demande si vous voulez lui faire l'honneur de venir souper avec lui » (acte III, scène 5), aurait les résonances d'une grosse blague, si la statue ne ripostait par un signe de tête... Alors, extraordinaire permutation des rôles, le Commandeur va tirer les ficelles à la place de Don Juan, mais il ne parviendra jamais à rendre Don Juan ridicule : le grand seigneur libertin ne sera plus maître des autres et de la situation, mais jusqu'à la fin, il dirigera ses propres réactions, et ne nous accordera pas le moindre sourire à ses dépens.

Ainsi, Don Juan place tous les personnages de la pièce dans une situation embarrassante qui peut leur donner une dimension caricaturale : leur rôle de « marionnette actionnée par Don Juan » sera plus ou moins souligné par leur comportement gestuel, les intonations de leur voix, leurs hésitations, leurs silences, toutes les manifestations excessives de leur embarras...

● *Don Juan et les « fâcheux* [1] *»*

Les spécialistes de notre théâtre contemporain considèrent pourtant de moins en moins Don Juan comme un grand seigneur sous le signe du mépris. Ils sont de plus en plus convaincus que l'objectif essentiel du personnage de Molière est de vivre « par étapes » qu'il cherche à diversifier et à mul-

---

1. Un fâcheux est un personnage importun : la plupart des personnages de la pièce importunent Don Juan.

tiplier à un rythme accéléré, pour mener une existence riche en aventures. Sous cet éclairage, l'attitude de Don Juan avec les autres n'est pas nécessairement méprisante ; elle manifeste seulement son désir de ne pas s'attarder en vaines paroles : il traite autrui égoïstement, selon son plaisir et ses envies ; il s'en débarrasse souvent au plus vite, pour passer à une autre occupation ; selon leur rôle, « les autres » seront pour Don Juan d'éventuels compagnons de jeu (le temps d'une partie) ou des importuns... De toute façon, ils ne feront que « passer », et leur passage sera drôle, dans la mesure où le metteur en scène soulignera leur allure de « fâcheux ».

• Le « pitre » Sganarelle

L'inséparable compagnon de Don Juan occupe la scène aussi souvent que son maître ; ce rôle était autrefois tenu par Molière lui-même, et l'auteur devait fort probablement souligner le comique de gestes et de mime propre au personnage du valet, surtout pendant les scènes de figuration où Sganarelle est le témoin muet des entreprises de son maître (cf. les scènes 2, 3, 4 de l'acte II). Molière accordait beaucoup d'importance au comique gestuel de ses propres rôles. Par ailleurs, au niveau du texte et des indications scéniques qui l'accompagnent, Molière souligne les dimensions comiques de Sganarelle : les parenthèses de la scène 2 de l'acte I sont au service du rire : cf. « Je parle au maître que j'ai dit », « Ce n'est pas à vous que je parle mais à l'autre ». Certains galimatias, parodies des grands raisonnements de Don Juan, servent à faire rire plus qu'à souligner l'ignorance du valet : cf. la réplique de la scène 3 de l'acte I qui s'adresse à Elvire : « Madame, les conquérants, Alexandre et les autres mondes, sont causes de notre départ. »

Dans la scène 1 de l'acte III, pour conclure la démonstration de Sganarelle sur la supériorité de l'homme, Molière note : « Il se laisse tomber en tournant. »

Dans la scène 7 de l'acte IV, la réplique : « Le... qui est là ? » (il s'agit de la statue) est accompagnée d'une indication gestuelle : - Sganarelle baissant la tête comme la statue - qui donne à la frayeur du valet une intensité particulièrement comique.

LE COMIQUE DE L'ACTE II

Molière a voulu donner à l'ensemble de l'acte II un ton essentiellement divertissant. La seule condition sociale des personnages : « des paysans » qui évoluent sur scène, fait rire le public de la ville. Pierrot, Charlotte et Mathurine s'expriment en patois d'Ile-de-France :

« Aga, quien, Charlotte, je m'en vas te conter tout fin droit comme cela est venu, car, comme dit l'autre, je les ai le premier avisés, avisés le premier je les ai... » (Pierrot, acte II, scène 1).

Leurs mœurs puériles nous font au moins sourire :
« Enfin donc, j'estions sur le bord de la mar, moi et le gros Lucas, et je nous amusions à batifoler avec des mottes de tarre que je nous jesquions à la teste » (Pierrot, acte II, scène 1).

« Regarde la grosse Thomasse comme elle est assotée [1] du jeune Robain : alle est toujou autour de li à l'agacer, et ne le laisse jamais en repos; toujou al li fait queuque niche, ou li baille queuque taloche en passant » (Pierrot, acte II, scène 1).

Ces réactions simples et naïves des jeunes paysans prennent alors, par contraste, une dimension franchement ridicule, en présence du seigneur Don Juan (cf. la scène 2 de l'acte II, lorsque Don Juan courtise Charlotte) :

DON JUAN Sganarelle, regarde un peu ses mains.

CHARLOTTE Fi ! Monsieur, elles sont noires comme je ne sais quoi.

DON JUAN Ha ! que dites-vous là ? Elles sont les plus belles du monde; souffrez que je les baise, je vous prie.

CHARLOTTE Monsieur, c'est trop d'honneur que vous me faites, et si j'avais su ça tantôt, je n'aurais pas manqué de les laver avec du son.

Dans la scène suivante, lorsqu'elle console ce pauvre Pierrot maintenant évincé par Don Juan, Charlotte qui se voit déjà « Madame » nous apparaît plus ridiculement paysanne encore : « Va, va, Piarrot, ne te mets point en peine; si je sis Madame, je te ferai gagner queuque chose, et tu apporteras du beurre et du fromage cheux nous. »

1. Éprise.

EN CONCLUSION

● *Autrefois :*

Molière a très certainement voulu faire rire au spectacle de *Dom Juan*, pour exploiter de façon originale et personnelle la légende espagnole traitée sous forme « de tragi-comédies » par ses contemporains, Villiers et Dorimond.

Au niveau du texte, le rire s'estompe néanmoins derrière la gravité du thème : « Le Ciel existe-t-il ? » et l'audace du portrait : « la satire d'un libertin »; de tels sujets ne pouvaient être traités en grosses farces devant un certain public du XVIIᵉ siècle.

Par ailleurs, le comique des personnages qui peuvent, à la limite, apparaître comme des marionnettes manipulées par Don Juan, était largement concurrencé par l'atmosphère fantastique du drame : on la devine à travers certains propos dès le début de la pièce, elle s'impose, inquiétante, dès l'apparition de la statue, elle devient de plus en plus lourde, au rythme des manifestations extra-terrestres qui précipitent le dénouement.

Enfin, le rire des spectateurs du XVIIᵉ siècle s'effaçait derrière un sentiment d'admiration largement éveillé par la somptuosité des costumes et l'éblouissement des décors, au service d'un spectacle encore très baroque.

● *Actuellement :*

Nos metteurs en scène se rejoignent pour estomper le comique de *Dom Juan*, même au niveau du spectacle, afin de souligner le sens métaphysique, politique, social de la pièce de Molière : « le grand seigneur méchant homme » tend à faire place à « un homme à la recherche de Dieu » (selon Jouvet), à « un pionnier de la révolution et du socialisme » (selon Vilar et Cherreau), à un suicidaire (selon Bluwal). Un tel éclairage n'incite guère au rire. Ce gommage du comique semble trahir l'intention de Molière : « faire rire les honnêtes gens », mais il fait peut-être éclater certains désirs profonds, nécessairement mis en veilleuse dans le contexte politique du XVIIᵉ siècle. Retenons au moins que *Dom Juan*, interdit, puis oublié pendant plus de deux siècle, est devenu l'une des pièces de Molière les plus appréciées, depuis sa première interprétation « grave » signée Jouvet.

L'accueil fait à la pièce et sa signification au rythme des temps | 6

JUSQU'AU XIXᵉ SIÈCLE

Dom Juan est joué pour la première fois au théâtre du Palais-Royal le dimanche 15 février 1665; le public réagit avec enthousiasme devant les somptueux décors, et les machines du dernier acte enchantent son imagination; Molière, qui interprète le rôle de Sganarelle, perçoit néanmoins un certain remous dans la salle; dès le lendemain, pour la seconde représentation, l'auteur a élagué quelques passages et supprimé entièrement la scène entre Don Juan et le Pauvre. Molière a-t-il agi par précaution? A-t-il reçu un conseil ou un ordre?

Pendant cinq semaines, la pièce est jouée quinze fois : elle remporte un énorme succès si l'on en juge par le chiffre important des recettes, mais la Cabale se sent une nouvelle fois mise en cause; elle riposte avec vigueur : « Molière entendit toutes les langues que le Saint-Esprit anime déclamer dans les chaires et condamner publiquement ses nouveaux blasphèmes. »

Toujours est-il que le vendredi 20 mars, l'avant-veille du dimanche de la Passion, les représentations sont suspendues en raison de la clôture de Pâques; elles ne reprendront plus du vivant de Molière; le Roi aurait, paraît-il, demandé à l'auteur de suspendre les représentations de *Dom Juan* bien qu'il ne fût pas hostile à la pièce (il aurait fait remarquer aux opposants de Molière que « l'Impie » n'était pas récompensé). Bien que *Dom Juan* soit retiré de l'affiche du théâtre du Palais-Royal, les ennemis de Molière poursuivent leurs attaques. Le 18 avril, un libelle : *Observation sur une comédie de Molière intitulée « Le festin de pierre »* est signé par le sieur de Rochemont; il accuse Molière d'avoir détruit progressivement la religion pour atteindre avec *Dom Juan* l'abîme de l'athéisme; Rochemont fait allusion à *L'école des maris* qu'il caractérise : « l'école fameuse d'impureté », il considère qu'ensuite Molière a rendu les dévots ridicules et hypocrites dans *Tartuffe*; maintenant, dans *Dom Juan*, Sganarelle « le croyant ridicule » expose la foi à la risée publique, et la foudre imaginaire du dénouement vise à braver en dernier ressort la justice du Ciel; Rochemont considère Molière comme « homme et démon tout ensemble » et il fait appel à la justice du Roi.

Un an plus tard, en 1666, est publié un traité de la comédie signé par le prince de Conti (cf., p. 13-14, notre paragraphe : «Quelques exemples de libertinage.»); à propos de *Dom Juan*, le prince de Conti déclare qu'après avoir fait dire les impiétés les plus horribles à un athée qui a beaucoup d'esprit, l'auteur confie la cause de Dieu à un valet, à qui il fait dire pour le soutenir toutes les impertinences du monde.

Quelques alliés de Molière ripostent; ainsi nous trouvons dans une lettre en vers du gazetier Robinet le paragraphe suivant qui fait allusion aux

> - « Partisans du *Festin de pierre*
> Indignés de l'injuste guerre
> Qu'un atrabilaire docteur
> A faite à son célèbre auteur ».

Mais la riposte la plus intéressante est certainement le soutien du Roi. Nous trouvons en effet dans le registre de Lagrange que le 14 août :

- « La troupe alla à Saint-Germain-en-Laye. Le Roi dit au Sieur Molière qu'il voulait que la troupe dorénavant lui appartînt et la demanda à Monsieur. Sa Majesté donna en même temps six mille livres de pension à la troupe.

• *A partir de 1677*

Dom Juan revu et corrigé par Thomas Corneille.

Après douze ans d'interruption à la scène, au cours desquels *Dom Juan* ne survit qu'à travers un texte largement édulcoré [1], la pièce réapparaît au théâtre de l'Hôtel de Gué-

---

1. Le texte intégral sera publié pour la première fois en 1684 à Amsterdam.

négaud; elle est interprétée par l'ancienne troupe de Molière, mais le texte est adapté en vers par Thomas Corneille; par rapport à l'original, on compte une bonne quarantaine de pages dont le « sens » a été revu et corrigé; cette pièce fut jouée régulièrement jusqu'au siècle suivant.

• *Au XVIIIe siècle : la pièce de Molière survit sous une forme exclusivement livresque*

Le libertinage s'affirme dans les mœurs et inspire les hommes de lettres; les philosophes réfléchissent aux formes de vie qu'il propose, mais le *Dom Juan* de Molière persiste uniquement sous sa forme livresque; la pièce originale n'est jamais jouée. Il faudra attendre 1841 pour la revoir sur scène à l'Odéon.

AU XIXe SIÈCLE

Retour aux sources. Pour les Romantiques, Don Juan Tenorio incarne essentiellement le mythe de la révolte aux multiples aspects; il inspire Mozart, Byron, Alexandre Dumas, Mérimée, Barbey d'Aurevilly, Baudelaire... Le *Dom Juan* de Molière réapparaît sur scène sous sa forme originale : on le discute, on l'interprète. Pour Stendhal : « Le Don Juan de Molière est... avant tout un homme de bonne compagnie... il veut être l'homme qui serait souverainement admiré à la cour d'un jeune roi galant et spirituel... Pour que le Don Juan soit possible, il faut qu'il y ait de l'hypocrisie dans le monde... C'est à la religion chrétienne que j'attribue la possibilité du rôle satanique de Don Juan. » Pour Sainte-Beuve, le personnage rejoint Lovelace et Valmont : « Le Don Juan de Molière est autant un impie qu'un libertin... Exécrable race, la plus odieuse et la plus perverse. » Michelet souligne les intentions politiques et nationalistes [1] de Molière : il fallait « faire un Don Juan assez équivoque pour que les courtisans l'admirent, et en même temps susciter l'irritation de Louis XIV contre les grands seigneurs libertins... mais... Don Juan est brave... cela rachète tout... Donc nul effet moral. Molière semblait manquer son coup ».

1. Son Don Juan doit concerner le public français de l'époque.

L'ACCUEIL DU XXᵉ SIÈCLE

En 1925 :

« Dom Juan » ou un certain « séducteur » est interprété par Maurice Escande au Théâtre-Français.

L'acteur confia à *Paris-Jour* que Don Juan n'était en rien « un artiste subtil de la corruption » mais « une nature emportée par un déchaînement violent de la sensualité ».

A propos de l'interprétation d'Escande, le critique Boissy fait remarquer : « Nous voilà loin du Don Juan raisonneur et profond. » Le jugement d'Antoine dans la *Revue Française* du 15 septembre 1925 est beaucoup plus acerbe : « Escande a sans doute été désigné à cause de son physique agréable ; il n'a rien compris, il a été léger, sautillant, étourdi comme un jeune marquis... Il a joué Don Juan comme n'importe quel jeune premier du répertoire, avec une jolie voix, une belle prestance et la chaleur assez factice de l'emploi. La réflexion, le sens intérieur n'apparaissent pas chez Monsieur Escande. Il déblaie le grand couplet de l'hypocrisie (acte V, scène 2). » Antoine ajoute en conclusion : « Le public n'afflue jamais à *Dom Juan*. »

En 1927 à l'Athénée :

Jouvet interprète un Don Juan cynique et désabusé à la recherche de Dieu.

La pièce remporte un très vif succès auprès du public qui découvre en *Dom Juan* une pièce « à la signification métaphysique universelle ». La critique souligne « la raideur glacée, l'inhumaine grandeur de Jouvet, semblant toujours grave ; il interprète le combat du rationalisme forcené contre les puissances spirituelles et surnaturelles ».

Jouvet explique lui-même sa conception de *Dom Juan* dans ses *Cahiers du Conservatoire*. Pour lui, la pièce de Molière pose le problème de la religion d'un bout à l'autre : « Si vous envisagez *Dom Juan* comme un miracle, vous verrez que c'en en est un. » Louis Jouvet considère que la structure même de l'œuvre dépend d'une série d'avertissements providentiels et d'interventions célestes qui s'enchaînent progressivement : cf. les prophéties de Sganarelle, celles d'Elvire, la tempête, le naufrage, la poursuite des frères d'Elvire, leur rencontre et leur désir de vengeance, la malédiction du père, l'intervention mystique d'Elvire, l'apparition du Spectre et les manifestations de plus en plus inquiétantes de la statue du Commandeur. Jouvet réfute catégoriquement le rôle séducteur du personnage : « Don Juan... un homme qui court après les femmes... mais ce n'est pas cela du tout. » Il considère avant tout Don Juan comme un incroyant, et prétend que toute sa conduite dépend de son incroyance : « ... C'est un homme qui cherche, qui voudrait croire et qui ne peut pas... quelqu'un qui n'a pas la grâce, une espèce de maudit... c'est un homme qui ne croit pas, qui ne peut pas croire et qui cherche tous les moyens de croire [1]. » Au-delà de cette conception « janséniste » du personnage, Louis Jouvet voit en Don Juan le symbole de chacun d'entre nous ; il disait en s'adressant à ses élèves : « ... tu as au fond de ton cœur exactement les mêmes doutes que Don Juan, mais tu n'as pas le courage de les affirmer... toi non plus, moi non plus, ne croyons pas ; on croit en Dieu quand il fait très beau, quand on est très heureux, pour des raisons purement poétiques ; c'est alors qu'on se pose des questions sur l'au-delà et sur l'immortalité. Si vraiment Dieu existe, le sentiment que nous avons pour lui est vraiment indigne, c'est vraiment très insultant pour Dieu. » Jouvet précise néanmoins les dimensions héroïques qui distinguent Don Juan de la masse de l'humanité : « Un homme comme Don Juan est différent de nous, il est beaucoup plus haut ou beaucoup plus sincère. C'est un homme qui n'a pas de ces petits sentiments qu'on a par crainte ou par reconnaissance, car au fond c'est cela la Religion de tous les jours. » Pour justifier ce caractère unique qu'il reconnaît à la pièce de Molière, Jouvet prétend que le cynisme de Don Juan et son besoin de séduire dépendent uniquement de son athéisme et qu'ils n'existeraient pas sans lui, et il ajoute un peu plus familièrement : « Don Juan dit : " Vous m'embêtez avec toute votre morale ; pourquoi est-ce que je n'épouserais pas cette femme ? (pour lui il n'y a pas de raison, c'est une morale religieuse)... et pourquoi est-ce que je ne donnerais pas mes hommages à toutes les femmes ? " Voilà le côté séducteur, mais c'est la conséquence d'une attitude spirituelle et intellectuelle. » Jouvet observe également le caractère religieux de la pièce à travers le personnage d'Elvire ;

1. Extrait des *Cahiers du Conservatoire* de Louis Jouvet.

il note « la chasteté, la pureté, la béatitude de son amour pour Don Juan et il apprécie tout particulièrement la qualité du texte de la scène 6 de l'acte IV : « C'est dans Molière un texte unique... si vous voulez lire un texte équivalent à celui-là, prenez l'*Introduction à la vie dévote* de Saint François. Il y a des passages où vous trouverez exactement, dans la fluidité du langage d'Elvire, cette sainteté faite de ferveur de Saint François de Sales. » Et pour souligner l'actualité et peut-être l'universalité de la pièce de Molière, Jouvet n'hésitait pas à dire : « C'est une pièce moderne, c'est le problème de l'incrédule... pour représenter la pièce il faut faire appel à la religion des gens... celui qui croit, retrouve s'il le veut bien, avec un peu de naïveté, la foi qui est contenue dans la Légende dorée; celui qui n'est pas croyant, ne peut pas ne pas sympathiser avec un personnage comme Don Juan, et ne pas se poser de questions [1]. »

En 1953 :

Jean Vilar campe pour le T.N.P. un Don Juan libéraliste et socialiste dont la situation éclate au dénouement.

(Cf. à la fin de l'ouvrage la mise en scène du dernier acte telle que l'a réalisée Jean Vilar.) Jean Vilar pense, en effet, que le dénouement constitue l'essentiel de la pièce et qu'il domine tout le cinquième acte. Pour lui, le Commandeur est un personnage capital. Pour prouver ce combat entre le Ciel et la Terre, intérêt majeur de la pièce, il fallait nécessairement que le Ciel ne fût pas vide; le Commandeur est là pour le prouver; c'est un moyen indispensable à la conclusion de Molière, et par conséquent, le fait essentiel de la pièce est représenté par cette conclusion. Pour Jean Vilar, Don Juan est l'histoire d'une lutte libératrice; le personnage incarne un idéal philosophique qui rejoint celui de Rousseau; il le caractérise comme « notre Thalès des libertés ». Jean Vilar nous confie encore qu'un seul geste de Don Juan le gênait lorsqu'il interprétait ce rôle : « la gifle à Pierrot » dans la scène 3 de l'acte II, mais qu'Aragon lui avait fait, un jour, remarquer que ce soufflet pouvait fort bien symboliser le rôle libérateur de Don Juan. En effet, si l'on admet généralement que dans cette scène,

1. Toutes les citations entre guillemets de ce paragraphe sont empruntées aux *Cahiers du Conservatoire* de Louis Jouvet.

Don Juan abuse de son rang, de son pouvoir et de son droit de possession, il faut également reconnaître que Don Juan, par son attitude, libère Charlotte d'une tutelle que Pierrot veut lui imposer contre son gré.

Jean Vilar souligne combien Sganarelle est nécessaire pour éclairer Don Juan, de même que Don Juan est indispensable pour comprendre le personnage de Sganarelle. En tant que spectacle, *Dom Juan* est une sorte de revue qui s'organise autour de ces deux compagnons, dont la présence simultanée relie tous les tableaux.

Jean Vilar nous parle du personnage de Don Juan avec beaucoup de considération. Il admire son audace et son art de se défendre en face de l'obstacle quel qu'il soit car : « Rien n'arrête Don Juan. » Il reconnaît et apprécie son actualité. « Aujourd'hui, Don Juan saurait se battre de toutes les façons. » Cette rupture des contrats qui caractérise Don Juan est un acte d'indépendance et cette attitude n'est absolument pas inspirée par la méchanceté ou le mépris. Don Juan rompt son engagement avec Elvire, Monsieur Dimanche, Charlotte, Mathurine... mais il rompt aussi avec Don Carlos et pourtant il l'estime, car : « Don Juan vit une sorte de contrat social qu'il a décidé de rompre quand il le voudrait, au moment précis où il le voudrait [1]. »

En 1960 :

Daniel Leveugle dans sa mise en scène pour la Comédie de Saint-Étienne rend hommage au personnage de Don Juan [2].

« C'est un homme de qualité pour qui personne n'a pu rien faire. »

– L'importance du « CHOIX ».

Daniel Leveugle insiste surtout sur le « CHOIX » de Don Juan, qui constitue toute la charnière de la pièce. Il fallait choisir entre lui et « le reste » et Don Juan s'est choisi ; il a choisi de se servir au lieu de servir ; naturellement, une telle attitude est égoïste et parfois égocentriste, mais elle est aussi le contraire de ce qui est bas, petit, mesquin, routinier,

---

1. Toutes les phrases et expressions de ce paragraphe, entre guillemets, représentent les propos recueillis au cours d'un entretien avec Jean Vilar en mars 1971.
2. Daniel Leveugle, collaborateur de Jean Dasté, a mis en scène *Dom Juan*, pour la comédie de Saint-Étienne, en 1960 ; ce paragraphe suit le rythme d'une conversation que nous avons eue avec lui en décembre 1970.

« servile »; et puis, le choix de Don Juan est admirable parce qu'il ne s'y est pas confortablement installé une fois pour toutes; il sait vivre l'instant qui passe et le revivre différemment; il sait jouir du bref moment de la séduction; le choix de Don Juan est intimement mêlé à la poursuite, à la conquête, à l'aventure là où elle se présente, quelle qu'en soit la qualité, la jouissance ou la difficulté (cf. les paysannes, le pauvre, le frère d'Elvire, la visite de Monsieur Dimanche, l'offre du Commandeur). Le choix de Don Juan est permanent, mais il n'est pas définitif, ni spéculatif. La vie de Don Juan est une chasse continuelle avec tout ce qu'elle implique de nouveauté et d'imprévu : c'est le contraire de la routine, de l'habitude dont on dissimule l'étroitesse par de grands mots : « le culte du passé », « la grandeur et le respect de la tradition »...

Don Juan se sert et fait parfois des victimes, mais avec un calme et une grandeur absolument spontanés. Il ne respecte pas le passé et tout son cortège de traditions morales, sociales et familiales, mais Don Juan n'étale pas davantage ses propres exploits; il ne parle jamais de ce qu'il a fait, il ne se vante pas, il ne se cite pas en exemple; il expose parfois son point de vue et c'est tout.

- *La mise en ménage avec Sganarelle.*

Pour un personnage qui a refusé à ce point la routine et l'habitude, comment expliquer alors cette espèce de « mise en ménage » avec Sganarelle ? Alors que Don Juan se refuse absolument à vivre avec une femme. En fait, Sganarelle est pour Don Juan une espèce de miroir dont il a sans cesse besoin. C'est un miroir bien particulier; il donne un reflet absolument contraire et opposé à la réalité. Or Don Juan éprouve sans cesse le besoin de se regarder, de voir ce qu'il n'est pas, de mesurer le sens de la vie. Sganarelle, c'est au fond toute l'explication de Don Juan; et cette explication permanente du personnage à travers son valet est aussi importante que la permanence du choix qui l'habite.

Sganarelle aspire à tout ce que fait Don Juan, mais il n'a pas assez d'envergure pour réaliser ses désirs; il n'ose jamais - il aimerait se servir, mais il ne sait que servir - il souhaiterait être fier, il n'est que fanfaron - il voudrait tellement être unique, il n'est qu'un parmi tous les autres. Sganarelle est incapable de choisir, il ne sait que suivre; toute la noblesse de Don Juan dans son exigence et son orgueil, toute la grandeur et la qualité de son choix, sont alors éclairées par Sganarelle.

- La philosophie du mécréant.

On ne peut enfin parler de Don Juan, sans aborder cette philosophie du mécréant : « Je crois que deux et deux sont quatre » qui peut traduire un choix définitif et absolu; or la valeur de cette équation pourrait être remise en cause, puisque la statue bouge et que Don Juan la voit bouger; l'évidence sensorielle est sans doute aussi forte que la logique du raisonnement, pour un homme tel que Don Juan; il ne peut être borné, il voit très bien la statue bouger et il ne le nie pas, mais il choisit de mourir; ou bien il traite peut-être son aventure avec le Commandeur comme une farce de valet, à la fois terrifiante et familière, et il décide alors d'aller voir ce qui se passe... Le seul moment qui ébranle peut-être Don Juan dans ce choix de sa vie et de sa personnalité, c'est la rencontre avec le Pauvre - « pour l'amour de l'humanité » est peut-être la seule phrase grave qui lie un instant Don Juan à quelque chose qui lui échappe.

- En conclusion :

Tous les personnages qui entourent Don Juan sont parfaitement conventionnels, bas, petits, d'un conformisme insupportable. Elvire fait partie de ce monde, tout comme les paysannes, Don Louis, Monsieur Dimanche... Un seul être appartient à la même race que Don Juan, c'est le frère d'Elvire; il ne fait que passer dans la pièce mais mérite qu'on s'y intérese. Don Carlos et Don Juan sont deux hommes de qualité.

En 1965 :

Pour Marcel Bluwal[1], « Dom Juan » de Molière est l'histoire d'un homme qui se suicide, qui « sait » qu'il va se suicider, et qui vit les dernières vingt-quatre heures de sa vie.

---

1. Marcel Bluwal a mis en scène le *Dom Juan* de Molière pour la télévision en 1965 [Michel Piccoli interprétait le rôle de Don Juan - Claude Brasseur celui de Sganarelle]. Ce paragraphe est le compte rendu d'une conversation que nous avons eue avec Marcel Bluwal en décembre 1970. Les termes et expressions employés par Marcel Bluwal sont entre guillemets.

- La profonde originalité de Molière est d'avoir transformé le mythe chrétien qu'incarne le Don Juan de Tirso de Molina en une fable prométhéenne.

Dans l'ouvrage de Tirso de Molina, Don Juan est un homme horrible, qui fait le mal pour faire le mal ; sa conduite n'est ni négative ni constructive, elle est inconsciente ; sa mort représente en fin de compte la punition de Dieu lassé de ses péchés mortels ; toute la conduite de ce monstre du mal se camoufle derrière une acceptation de la religion qu'il brave, mais qu'il ne nie en aucun cas. Une telle fable est une fable chrétienne. Molière a compris que notre civilisation ne s'intéressait pas aux mythes chrétiens - relisons nos contes de fées : la plupart de nos mythes appartiennent à l'univers païen, Dieu n'intervient pas - Le Don Juan de Molière dépasse néanmoins cet univers païen, car son personnage symbolise la révolte contre les forces conservatrices ; il représente l'humanité dans son progrès : un tel mythe est « prométhéen » (cf. la conduite de Prométhée). Ces forces conservatrices sont d'ailleurs représentées dans la pièce de Molière, par des éléments de même nature sinon de mêmes dimensions : Dieu, la société, le Commandeur, le père ; c'est la même force contre laquelle s'insurge Don Juan.

- Le mythe de la puissance et du savoir.

A travers le mythe de la puissance et du savoir, « Don Juan rejoint Faust » ; Faust situe le mythe dans un contexte chrétien : croire au diable, c'est croire en l'existence de Dieu. Le mythe de Don Juan se place dans un univers rationnel : l'athéisme du Don Juan de Molière n'est pas purement négatif, son « deux et deux sont quatre » annonce la Franc-maçonnerie qui cultivera la rigueur et le rationalisme dans sa recherche de la vérité (l'ordre maçonnique s'installera en France au XVIIIe siècle).

- La conquête des femmes n'intéresse PLUS Don Juan dans la pièce de Molière.

Ce mythe du savoir et du pouvoir, cette insurrection contre les forces conservatrices, dont seule est exclue la mère (Don

Juan ne l'affronte jamais dans la pièce), ce « choix » du suicide, « preuve ultime du pouvoir », englobent tout le personnage de Don Juan et ne laissent aucune place au désir de « séduire à la manière de Lovelace » - cette conception de la séduction liée à une morale victorienne ne peut en aucun cas intéresser Don Juan - « un pouvoir séducteur par sa seule présence est indéniable », Don Juan a pu, sans doute, le constater dès son adolescence, mais ce pouvoir fait partie de sa personne, il n'a cherché ni à l'acquérir ni à le cultiver. Naturellement, Don Juan a maintes fois séduit, et Molière fait allusion au calendrier de ses conquêtes dans les propos tenus par Sganarelle ; mais si Molière avait voulu monter sa pièce autour d'un coureur de femmes, il ne l'aurait pas mis en présence d'une nonne et de deux paysannes, il l'aurait au moins placé en face d'une Célimène. Elvire, en fait, appartient déjà au passé de Don Juan ; quant aux paysannes, elles représentent le moment de détente, le vert paradis dans ces dernières vingt-quatre heures de la vie d'un homme qui a décidé de se suicider ; c'est une parenthèse sans importance et Don Juan sait très bien qu'il n'aboutira à rien, puisqu'un peu plus tard il se suicidera, et qu'il en a déjà décidé ainsi ; la scène avec les paysannes, c'est une façon agréable de dire adieu à la vie.

- *Dans le contexte des dernières heures d'un suicidaire, la scène avec Monsieur Dimanche ne peut être qu'une parenthèse.*

C'est également sous l'angle de la parenthèse qu'il faut considérer la scène avec Monsieur Dimanche ; cette scène représente peut-être une forme plus affirmée du « jeu » de Don Juan et de son mépris, car Monsieur Dimanche symbolise un aspect de cette société contre laquelle Don Juan s'est insurgé, mais elle ne l'intéresse plus quelques heures avant son suicide ; il la méprise maintenant ; l'hypocrisie qu'il pratiquera un peu plus tard est la forme suprême de ce mépris. De toute façon, Don Juan sait très bien que, quoi qu'il dise et quoi qu'il fasse, Monsieur Dimanche repartira comme il est venu. Don Juan, par sa seule présence, séduit autant les hommes que les femmes et il le sait ; son passé lui a prouvé qu'il n'a besoin de faire aucun effort, aucune démarche pour cela. Monsieur Dimanche est séduit dès son entrée ; Don Juan s'amuse ensuite.

- Le pouvoir séducteur de Don Juan sur les hommes : ses rapports avec Sganarelle.

Le pouvoir séducteur de Don Juan sur les hommes est surtout mis en valeur par le personnage de Sganarelle ; ici, comme dans plusieurs de ses pièces, Molière donne à l'amitié entre deux hommes une dimension exceptionnelle que l'on ne rencontre pas dans les rapports qui peuvent unir deux femmes. Au moins au sens affectif du terme, Sganarelle est l'amant de Don Juan, si l'on veut bien considérer que dans le couple amant-maîtresse, l'amant est celui qui est subjugué, c'est toujours le plus faible, et par nature le plus raisonnable : par nature mais pas nécessairement par désir ; ainsi dans le couple Sganarelle - Don Juan, Sganarelle est subjugué par Don Juan, car il fait tout ce qu'il n'ose pas faire lui-même. C'est pour bien éclairer cet aspect merveilleux de l'amitié entre deux hommes, dont Molière est peut-être le créateur dans le domaine dramatique, que Marcel Bluwal a choisi un Sganarelle : Claude Brasseur, plus jeune que Don Juan : Michel Piccoli. Pour Marcel Bluwal, l'amitié qui lie Sganarelle à Don Juan est du même ordre que celle qui lie Pylade à Oreste. Pour Don Juan, Sganarelle est l'ami, il est « l'autre » et « son humanité est confondante » ; pour Sganarelle, Don Juan est celui pour qui il s'inquiète et pour qui il craint, il est celui qui « ose » et dont il ne peut se passer. Marcel Bluwal pense que l'on enlèverait à la pièce de Molière une très grande qualité, en négligeant cette amitié qui existe entre les deux hommes, pour voir en Sganarelle le symbole du peuple, et en Don Juan le symbole de la caste ; le problème de l'opprimeur et de l'opprimé est ici le problème du couple. Marcel Bluwal souligne, par ailleurs, que Sganarelle représente peut-être le rôle le mieux écrit du théâtre de Molière.

- L'insurrection de Don Juan contre la société concrétisée par la mise en scène et les décors du Ve acte.

Cette conception de Don Juan qui s'insurge contre la société, ce mythe du savoir et de la puissance dont le suicide est la preuve ultime, Marcel Bluwal les concrétise dans ses décors ; surtout dans le cinquième acte où tout est immense, géométrique, d'une rigueur et d'une sévérité inquiétantes. La statue du Commandeur mesure quatre mètres et son tombeau fait songer à l'architecture écrasante des monuments incas et des pyramides égyptiennes. C'est dans ce cadre grandiose et inquiétant que Don Juan va se suicider, pour fuir ce décor comme il fuit cette société contre laquelle il s'est insurgé et qui elle aussi fait peur : toute l'actualité de la pièce est alors éclairée. Le moment du suicide est très grand et très beau; Marcel Bluwal a songé, en le créant, à l'estampe du « Chevalier et la Mort » de Dürer - Don Juan est abandonné par son cheval, il laisse tomber son épée, puis il « se laisse » anéantir.

En 1969 :

Pour Patrice Cherreau, Don Juan présente l'état exact des conflits sociaux, au lendemain de la Fronde, et son dénouement, sous la forme idéaliste de la pièce à machines, s'attaque aux ennemis du régime instauré par Louis XIV.

« Molière se situe avec une merveilleuse ambiguïté, à la fois défenseur objectif de l'idéologie au pouvoir, et « visionnaire réaliste », inventeur d'une fable et narrateur précis [1]. »

- Chaque personnage est le représentant d'une classe sociale amoindrie, ou d'une idéologie morale qui se cherche.

Pour Cherreau, chaque personnage est le représentant d'une classe sociale amoindrie, ou d'une idéologie morale qui se cherche. Ces personnages aux proportions symboliques ne savent ni se défendre, ni s'affirmer dans le contexte politique auquel ils appartiennent et qui souvent leur échappe; ils sont tous voués à l'échec.

Monsieur Dimanche représente la riche bourgeoisie qui sait pas s'imposer; elle est apte à mettre une partie de la noblesse sous sa tutelle, en lui prêtant de l'argent, mais elle échoue parce qu'elle ne sait pas réclamer son dû.

---

1. Compte rendu d'une conversation que Patrice Cherreau a eue avec un groupe de professeurs, au théâtre de Sartrouville, en novembre 1968, pour expliquer sa mise en scène de *Dom Juan* qui fut joué pour la première fois à Lyon en février 1969. Patrice Cherreau est un de nos metteurs en scène contemporains les plus audacieux : admiré par les uns, critiqué par les autres.

Pierrot et Sganarelle représentent la masse du peuple dont la conscience est mutilée; l'un revendique la ruse : « Il raconte comment il a gagné l'argent de sa journée en roulant un autre journalier. » L'autre est incapable de tenir tête à Don Juan, par absence d'idéologie; son aveuglement le prive de toute conscience de classe, il ne sait se défendre qu'avec les paroles et les moyens du bon sens populaire : « Il se réfugie dans le poujadisme. »

La vieille noblesse féodale vaincue par la bataille de la Fronde est représentée par Don Louis « qui vit dans la nostalgie du passé ». Cette classe sociale est en train de mourir car elle ne sait pas comprendre le présent. Don Carlos appartient à cette même noblesse dont il symbolise les erreurs de morale et de conscience : « Il tourne sa colère contre son propre frère, et non contre son ennemi véritable. »

Elvire à son tour échoue, car elle dissimule son véritable désir par le langage de la mystique chrétienne; sa sainteté prend ainsi des résonances érotiques.

— « Don Juan radicalise les conflits ».

Il fait apparaître les contradictions qui règnent dans chacun des individus. Il représente, sans doute, la noblesse de cour, mais sous une forme négative : c'est un roué et un libertin; en fait, il n'appartient à cette noblesse que par son passé; maintenant il est du côté de l'opposition : « Oisif, il se met à la recherche d'une morale matérialiste, et ne se donne d'autre règle que celle de conduire son désir... mais ce n'est encore qu'un chercheur dans le domaine de la morale et de l'érotisme. » (Il faudra attendre Sade pour que les recherches de Don Juan aboutissent vraiment.)

— L'aventure de Don Juan est à la fois positive et négative.

Elle est positive par la morale et l'érotisme et parce que résolument traître à sa classe et progressiste, Don Juan travaille à l'érosion du vieux monde féodal. Elle est négative parce que vivant l'Histoire à la façon d'une aventure égoïste, Don Juan a besoin, plus que de toute autre chose, de ce vieux monde pour vivre. Il échouera finalement, car libertinage et politique ne sont pas conciliables, et surtout parce que son aventure est égoïste.

- Au dénouement Molière apparaît comme le défenseur de l'idéologie au pouvoir.

En fait, Molière prend cette attitude parce qu'il ne peut pas faire autrement, il a besoin de cette cour qui le paie pour la divertir et il la montre triomphante ; il la flatte ainsi tout en la charmant : le dénouement de sa pièce est à la fois euphorique et digne des grands spectacles à machines.

- Les significations symboliques des « machines [1] *».*

Cherreau donne aux machines, qui occupent une large place dans ses décors, des proportions symboliques multiples. Actionnées par des ouvriers, elles savent produire le tonnerre et les nuages, mais elles se dressent aussi, en avant-plan, devant la ferme délabrée où Don Juan mène son aventure individuelle et égoïste. Ces machines servent également d'appui au mausolée du Commandeur dont la somptuosité toute neuve (une partie est encore en chantier) rappelle le triomphe et la magnificence encore très récents du règne de Louis XIV qui tient le pouvoir depuis quatre ans seulement. Ces machines savent enfin se transformer en éléments merveilleux au service de « ce dénouement euphorique » pour produire des automates [2] qui « liquideront » Don Juan le libertin et le membre de l'opposition. Et puis elles servent à illustrer les moments de la journée. Don Juan précise, dès son apparition, son art de vivre ; or sa théorie prend toute sa valeur, dans la mesure où elle est mise en pratique avec une certaine méthode, voire avec rigueur, et un certain choix dans le temps. Grâce aux mouvements de ces machines mues par des treuils et des poulies, nous pouvons constater comment Don Juan organise son art de vivre : il rompt avec Elvire au petit matin, il cherche à satisfaire son désir vers midi, en compagnie des paysannes, il se battra dans l'après-midi, il rêvera de tuer son père le soir, et s'entraînera à la ruse le lendemain ; puis il mourra au milieu de ce second jour, car pour Cherreau, Molière manquait d'arguments et il fallait en finir.

---

1. Sortes d'énormes échafaudages, grues, poulies... [derniers éléments d'un chantier de construction] actionnés par des figurants. Une partie de ces machines était sur les côtés, dans la fosse d'orchestre, l'autre sur scène, en arrière-plan.
2. Tel apparaîtra le Commandeur dans le dernier acte.

Conclusion

« DOM JUAN » OU L'HISTOIRE D'UN LIBERTIN SOLITAIRE

Tous les grands personnages de Molière sont caractérisés par un trait de mœurs ou de caractère qui envahit leur personnalité, mais ils sont toujours « humanisés » par un sentiment susceptible de mettre en péril cette ligne de conduite outrée, ce vice exclusif, ou cette excessive vertu qui les obsède. Don Juan semble incapable de sentiments, mais il est humanisé par son immense solitude.

– « Le libertin » ou « un certain gentilhomme du XVIIe siècle »

La personnalité de Don Juan est envahie par ses mœurs et ses principes libertins, il illustre ainsi la satire d'une certaine société de l'époque. Son libertinage s'exprime : à travers sa condition de gentilhomme - son apologie de l'individu - son attitude pragmatique - son choix de la liberté en amour (le mariage n'est jamais envisagé comme un lien mais comme un moyen de secte et de classe) - son besoin de jouir de l'instant présent - ses théories épicuriennes - son refus du passé - son opposition au sentimentalisme et à la crédulité des masses - sa mentalité de joueur - un certain goût de la provocation - son culte de l'existence par opposition à l'idéal - ses désirs de conquêtes et d'aventures étroitement liés à un rythme de vie essentiellement dynamique, et soumis à un principe de renouvellement permanent.

– « Le solitaire » ou « un homme de taille universelle »

C'est précisément ce thème de l'isolement, que l'on retrouve dans toutes ses pièces, qui donne aux personnages de Molière leurs dimensions éternelles ; la solitude les humanise, les rapproche de chacun d'entre nous et les place dans un contexte intemporel, dépassant largement les limites d'une certaine époque et d'une civilisation déterminée. La solitude est plus ou moins momentanée, elle est le propre de chaque individu, qu'il s'agisse d'une destinée, d'un choix ou d'une situation passagère ; selon son intensité et la prise de conscience qu'elle entraîne, elle provoque toujours quelque dérèglement caractériel, éphémère ou durable.

La solitude de Don Juan est plus profonde et plus impressionnante que celle des autres personnages moliéresques. Elle l'est par son aboutissement : la mort (peut-être le suicide ?) (celle d'Alceste, le plus « seul » après Don Juan, aboutit seulement à la retraite). La solitude de Don Juan est d'autre part mal expliquée : nous ne savons pas dans quelle mesure elle correspond au choix du personnage, à son tempérament, aux conséquences d'un certain passé, à son destin, ou au contexte limité par les quarante-huit heures de la comédie de Molière. Elle place Don Juan dans la situation paradoxale d'un homme qui « se veut » libre, mais qui est sans cesse traqué ou dérangé. Et c'est précisément cette profonde aspiration à la liberté et cette série d'événements et de rencontres qui le poursuivent, ou le gênent dans les moindres détails (il ne peut même plus souper tranquillement), qui « perturbent » Don Juan. Toute cette méchanceté, cet égoïsme, ces mensonges, ces simulacres de l'amour, cette comédie de l'hypocrisie, cette intimité [1] avec le valet Sganarelle, ce scepticisme religieux mais aussi ce besoin de vérifier le pouvoir de Dieu sur les hommes, ce refus de s'engager en amour et cette instabilité dans la vie sont étroitement liés au profond isolement de Don Juan. Sont-ils la cause ou la conséquence de cette solitude ? Tantôt l'une, tantôt l'autre. Parfois l'une et l'autre simultanément. Tout l'intérêt, l'actualité, la complexité et l'humanité de Don Juan tiennent à cette situation d'homme seul. En principe, un isolé, quel que soit le motif de son état, inspire une certaine pitié (cf. Harpagon, Monsieur Jourdain, Argan...) ; Don Juan n'éveille jamais notre commisération, car il affronte sa solitude avec dignité, peut-être parce qu'il l'a initialement choisie par goût de cette

---

1. Certains évoquent même une attitude homosexuelle, au moins sur le plan affectif. Cf. plus loin nos « Réflexions psychanalytiques sur le donjuanisme ».

liberté qui motive finalement chacun de ses gestes. Don Juan ne se vante jamais, il ne se plaint pas davantage (ses mouvements d'exaspération ou de lassitude sont à peine ébauchés); il est bien trop fier pour se plaindre, et à qui se plaindrait-il d'ailleurs? Au valet Sganarelle? Ce serait grotesque. Don Juan lui parle comme à « n'importe qui », il le fait parler comme « n'importe quoi [1] » et s'en amuse à l'occasion. Sganarelle est peut-être au fond le symbole de cette humanité au nom de laquelle on jette un louis d'or par amour (ou par pitié) et qui est largement aussi isolée que Don Juan, enfermée dans son carcan de principes, quelle que soit sa classe sociale. D'un autre côté, Don Juan est « marqué » par un isolement qu'il s'est imposé, par goût d'une certaine liberté, et qui est accentué, dans la pièce de Molière, par une série de circonstances, d'événements et de rencontres qui le confinent dans un univers fermé, avec Sganarelle. (En réalité, malgré les changements de lieux et de décors, Don Juan « arpente un monde à huis clos » bien qu'il ait souhaité initialement qu'il y eut d'autres planètes pour pouvoir y étendre ses conquêtes.) Certes, Don Juan est sans doute prédestiné à la solitude par une incapacité d'aimer; cette infirmité est soulignée par ses rapports avec Sganarelle qui l'accompagne pas à pas; Don Juan est incapable d'aimer autrui mais il a sans cesse besoin d'une présence et il accapare Sganarelle; Don Juan est au fond le prélude du Misanthrope; il n'a sans doute jamais pu supporter les hommes, alors qu'Alceste, après les avoir sans doute admis, les supporte de moins en moins. Le besoin de Célimène pour Alceste et le besoin de Sganarelle pour Don Juan ne sont certainement pas sans rapport. Molière a-t-il pressenti que l'égoïsme et la misanthropie précipiteront l'anéantissement de l'homme?

Le grand seigneur impie a été puni par les foudres du XVIIe siècle.

Le mythe du séducteur est mort depuis longtemps, mais un certain Don Juan « solitaire » précisément « créé » par Molière escorte chacun d'entre nous, et sa survivance me semble définitivement assurée.

1. Sganarelle est parfois utilisé par Don Juan comme une sorte de « magnéto-phone » censé enregistrer ses paroles [et il les enregistre mal] ou un perroquet censé les répéter [et il les répète tout aussi mal] : cf. la scène 3 de l'acte I.

Au-delà de la pièce de Molière, réflexions ◄ psychanalytiques sur le donjuanisme [1]

A partir de l'authentique seigneur espagnol Don Juan Tenorio qui a inspiré de multiples personnages littéraires, on parle maintenant sous forme de caractérisation commune d'« un don Juan » et du « donjuanisme ». Il est difficile de préciser à quelle époque cette désignation s'installa officiellement dans notre vocabulaire, et dans quelle mesure le Don Juan de Molière lui servit de modèle. L'important est de constater que l'on appelle don Juan, tout homme dont le pouvoir séducteur sans limites est généralement lié au charme de sa personne et au magnétisme de sa présence. Un don Juan est également un homme qui aime multiplier ses conquêtes. Je pense enfin que l'aptitude à séduire d'un don Juan rejoint sa réputation d'« irrésistible » qui place les femmes dans un état de désir de plaire et de rivalité : à un certain stade de sa carrière amoureuse, un don Juan n'a plus besoin d'intervenir pour conquérir les femmes, elles viennent à lui ne serait-ce que pour s'aligner avec celles qui ont déjà su le charmer et ne pas être en reste.

Évolution du donjuanisme par rapport au personnage de Molière

Un tel don Juan nous semble bien loin du personnage de Molière si l'on admet, en l'occurrence, que la séduction a ici une dimension beaucoup plus théorique que pratique et que les circonstances de la pièce la placent très nettement au second plan; par ailleurs, le Don Juan de Molière n'exploite absolument pas sa réputation et le caractère inné de sa séduction; il a besoin d'obstacles et il est enclin à mépriser les femmes qui s'offrent à lui. Enfin, il « utilise » le mariage pour faire aboutir ses entreprises. Un tel personnage ne correspond absolument pas à la conception actuelle du donjuanisme et

1. Chapitre inspiré par les propos tenus par le père Oraison [auteur de plusieurs ouvrages de philosophie et de théologie] au cours d'un « Week-end de littérature » consacré à *Dom Juan*.

se situe plutôt à son antithèse. Maintenant, un don Juan aime séduire par sa seule présence, il souhaite multiplier ses conquêtes, mais il recherche la facilité, il ne désire absolument pas le mariage pour affirmer sa victoire sur des cœurs, mais il aurait plutôt tendance à le fuir. L'amour est un moyen de flatter sa vanité ; la conquête du corps lui suffit la plupart du temps ; les seuls points qui lient un don Juan actuel au Don Juan de Molière tiennent à l'importance que de tels hommes accordent à l'amour considéré comme un certain « art de vivre », un passe-temps « privilégié », parfois une profession. Les don Juan de tous temps se rejoignent par leur instabilité et un certain mépris à l'égard des occupations matérielles : l'amour les accapare.

Caractéristiques et origines du comportement d'un don Juan avec les femmes

* *Un sentiment d'échec subconscient mais permanent*

Le besoin de multiplier ses conquêtes, peut-être par vanité mais aussi par instabilité, fait qu'un don Juan n'est jamais pleinement satisfait de sa victoire ; il éprouve en permanence un sentiment d'échec et de découragement, parfois subconscient, car il est lui-même inapte à aimer profondément, intensément ; cette incapacité est sans doute liée au fait qu'un don Juan ne trouve jamais la femme idéale et « parfaite » qu'il désire par le biais de son imagination ; cette femme au charme absolu ne peut être concrétisée. C'est pourquoi, dans la réalité, toutes les femmes sont bonnes pour une aventure d'un soir ou de quelques jours ; certes il préfère les belles aux laides, mais la beauté pour lui a des aspects tellement divers qu'il faut vraiment une laideur monstrueuse pour le détourner.

* *La beauté, ou plus exactement l'aptitude à plaire, relève généralement d'un détail* qui donne au don Juan une impression de nouveauté : « un certain nez », « une certaine bouche », « des yeux d'une forme ou d'une couleur qui lui semblent insolites », des hanches un peu fortes mais si peu banales... Nous retrouvons d'ailleurs cette recherche du détail apte à éveiller le désir chez le Don Juan de Molière lorsqu'il courtise Charlotte : finalement ce sont peut-être ces mains pourtant « noires comme je ne sais quoi » qui polarisent ses aspirations. Cette concentration du désir sur une seule partie du corps est considérée comme névrotique (surtout lorsqu'il s'agit de l'habit, par exemple la chaussure).

• L'obsession de la femme mais une crainte inconsidérée
de se sentir « engagé » [c'est-à-dire lié]

Un don Juan a pour caractéristique psychologique de se sentir obsédé par les femmes : elles prennent une telle place dans ses occupations qu'elles peuvent devenir l'enjeu d'une profession. Les « don Juan » qui vivent des femmes ne sont pas nécessairement des hommes à la fois paresseux et bassement matérialistes; certes la femme est pour eux un rapport financier peu négligeable et peu fatigant, mais elle peut être aussi une entreprise professionnelle choisie par goût et par intérêt. Il y a des don Juan parmi les souteneurs, pour lesquels le besoin de plaire aux femmes qu'ils font travailler est essentiel; leur jalousie et leur violence sont bien connues. Le don Juan actuel vit parfois de la femme, mais son besoin de lui plaire, de la posséder, de la maîtriser, d'avoir l'exclusivité de ses sentiments est souvent obsessionnel.

Son instabilité ou cette lutte permanente pour ne pas se sentir engagé ne correspondent pas exclusivement à son égoïsme profond. Il y a dans ce refus catégorique de s'engager une angoisse permanente de se sentir enchaîné, ou dépendant d'un autre : c'est pourquoi le don Juan moderne ne se marie pas. Le don Juan de Molière utilise, d'ailleurs, le mariage comme une « formalité » sociale et religieuse apte à faire aboutir sa conquête; en revanche il le fuit et passe à une autre entreprise dès qu'il le ressent comme un lien.

Hypothèses psychanalytiques sur les anomalies d'un tel comportement

• Un certain besoin de se « prostituer »

Un don Juan aime généralement « se prostituer » au sens étymologique du mot, c'est-à-dire se mettre en avant; et pour cela il a besoin d'un certain public, de témoins, ou plus souvent d'un confident, ou d'un complice de ses exploits amoureux. Dans son *El Burlador de Sevilla y el Convivado de Piedre*, Tirso de Molina avait choisi, pour confidents de son Don Juan, des jeunes seigneurs de son espèce Molière a préféré comme témoin et complice de son Don Juan le valet Sganarelle et il est bien difficile de savoir si cet état correspond pour le personnage à un choix personnel ou à une situation qui lui est imposée [1]. Le Don Juan de

1. Don Juan a-t-il choisi Sganarelle comme seul compagnon après avoir évincé ses autres amis, ou ses amis l'ont-ils abandonné, le laissant seul avec Sganarelle?

Molière peut avoir atteint un tel stade d'isolement que Sganarelle reste le seul à qui il puisse se confier et « se montrer », mais Sganarelle peut également symboliser le degré pathologique que vient d'atteindre Don Juan, dans son besoin de « prostitution »; Sganarelle est peut-être le témoin et le spectateur idéal pour Don Juan : celui qui est absolument incapable de séduire lui-même (Sganarelle ne plaît à aucune femme chez Molière, et il n'en a peut-être séduite aucune dans son passé). L'art de plaire de Don Juan éveille alors en lui une sorte d'admiration béate qui le rend de plus en plus complexé et peut-être impuissant, et qui représente, pour Don Juan, le comble de la jouissance dans ce besoin de se montrer.

• Un tel comportement peut avoir des origines freudiennes

Le conflit, l'incompatibilité, qui existent entre le Don Juan de Molière et son milieu familial, ne sont peut-être pas uniquement d'ordre moral, social ou religieux. La mère n'apparaît pas, mais on la devine malheureuse; le père et le fils se trouvent dans une situation de conflit circonstanciel qui ne nous permet pas une étude profonde de leur incompatibilité.

Don Juan éprouve presque nécessairement un sentiment de frustration familiale pour avoir abouti à un tel état d'isolement. Si nous utilisons le Don Juan de Molière pour illustrer nos réflexions, précisons que cet homme a un besoin cuisant de fuir sa famille pour des raisons plus profondes qu'un simple désaccord moral et religieux. En psychanalyse, on considère qu'un don Juan est souvent un être qui n'a pas su se débarrasser, à l'adolescence, de son complexe d'Œdipe; il ne peut aimer aucune femme parce qu'il est subconsciemment tenté par le corps et la présence de sa mère; le comportement résolument asocial sinon anti-social d'un don Juan (et on le retrouve chez Molière; tous les autres l'importunent sauf Sganarelle, et il éprouve presque toujours le besoin de les faire souffrir à un certain degré) peut s'expliquer par cette relation avec la mère. Tant que le petit enfant éprouve le besoin physique de sa mère (développé sans doute par la rupture du cordon ombilical qui l'a privé d'un monde qui lui appartenait) il joue à lui faire de la peine en l'inquiétant sans cesse (il la bat, fait semblant d'avoir mal, cherche sans arrêt à se faire servir...). C'est à un faible degré un besoin de persécution et de « prostitution » (au sens que nous lui avons déjà donné). Cette envie de faire souffrir autrui et d'accaparer au moins la présence de Sganarelle peut fort bien correspondre chez Don Juan à un complexe d'Œdipe qui n'a pas normalement disparu à l'âge de l'adolescence.

• L'agressivité à l'égard du père

Elle est certainement liée au problème de la mère. Tant que le petit enfant est étroitement tributaire de la mère (de son corps, de sa présence), il considère souvent son père comme une entrave, comme un obstacle; les gestes d'amour entre ses parents éveillent souvent sa jalousie. Plus tard, l'enfant traite souvent son père avec hostilité; l'amour filial bien souvent ne s'épanouit qu'au moment où l'enfant se libère de son complexe d'Œdipe. Le père Oraison affirmait que l'attitude du Don Juan de Molière avec le Commandeur pouvait être liée à son agressivité intense, violente, méprisante à l'égard du père. Le Commandeur représente peut-être l'idéal paternel qui s'impose à l'imagination de Don Juan, car ce dernier n'a pas su franchir les étapes de la castration symbolique; il a mal refoulé ses fantasmes de la petite enfance [1].

• En conclusion

Certes, tout ce chapitre a une valeur strictement hypothétique et dépasse très largement les intentions de Molière, mais il nous a semblé intéressant de réfléchir à l'aspect psychanalytique du cas Don Juan au-delà de sa réalité dramatique, car l'un des objectifs de Molière était bien de divertir sur le moment, pour laisser ensuite le spectateur libre de réfléchir comme il l'entendait; le public, s'il a ri d'une certaine façon pendant le spectacle, ne se sent plus ensuite tellement concerné par les problèmes du XVIIᵉ siècle : l'hypocrisie du dévot et du courtisan, le libertinage de l'esprit et des mœurs; les thèmes de l'amour instable, du mépris pour les autres et de la solitude de Don Juan l'intéressent davantage, même s'ils dépassent les frontières du drame. La déficience de l'amour-sentiment au profit de l'amour sexuel, de ses variantes et de ses divergences, a multiplié les « Don Juan » que l'on côtoie chaque jour; le mythe et l'héroïsme du personnages ont sans doute disparu au profit de l'aspect psychanalytique de l'amour volage.

---

1. Selon Freud (in *Introduction à la psychanalyse*), lorsque le petit garçon découvre l'absence de pénis chez la fillette, il pense qu'elle a été mutilée par un acte de violence. Il craint alors de subir le même châtiment. C'est le « complexe de castration ». Pendant la période du « complexe d'Œdipe », certains fantasmes apparaissent, en particulier celui d'être châtré par son père en guise de châtiment.

▶ Mise en scène du cinquième acte telle que l'a imaginée Jean Vilar[1]

A la fin de la scène 3, Don Carlos sort, Sganarelle fait à Don Juan les reproches que l'on sait : « Monsieur, quel diable de style prenez-vous... » Don Juan, désinvolte, éclate alors de rire; le spectre entre et s'avance derrière Don Juan et face à Sganarelle; Don Juan devine alors la présence d'un nouveau venu dans les yeux de son valet; Don Juan ne voit pas le spectre, mais il sort son épée et son geste illustre une forme de courage instinctif et spontané. Dans la scène 5, Don Juan se retourne pour attaquer le spectre avec son épée, mais il ne brasse que du vide car le spectre s'est déplacé pour sortir en passant derrière Sganarelle; Sganarelle s'écrase alors, la face contre terre, tandis que Don Juan fait face à la statue du Commandeur pour aborder la scène 6; la statue s'adresse alors à Don Juan; après avoir fiché en terre son épée, Don Juan met sa main nue dans celle du Commandeur; la douleur le fait alors bondir, il fait quelques pas en titubant et en prononçant ses dernières paroles, puis il tombe mort, la face vers le Ciel. Le Commandeur disparaît puis c'est le silence, Sganarelle lève alors la tête peureusement, puis il se redresse, très lentement et s'approche à quatre pattes de Don Juan avec une lenteur qui exprime à la fois sa crainte et son hésitation; lorsqu'il atteint Don Juan, il reste à quatre pattes, le regarde lamentablement, puis il ébauche un geste pour le toucher : et le transforme en un mouvement qui traduit une sorte de peur d'être « électrocuté ». Sganarelle s'enhardira enfin à poser sa main vers le cœur de Don Juan lorsqu'il prononcera « mes gages » : son dernier mot à la fin de la pièce; il le bafouillera une première fois, puis il le répètera en baissant le ton et le « criera » une troisième fois en s'adressant à la fois à son maître, à Dieu, au monde; cri ignoble mais drôle, manifestation de ladrerie inattendue mais surtout véritable coup de théâtre qui donne à la pièce tout son éclat surnaturel - Sganarelle n'avait jamais fait allusion à ses gages auparavant. Sganarelle le croyant apparaît alors comme sacrilège, alors qu'en fait Don Juan a voyagé à la recherche de Dieu.

(Jean Vilar nous a confié qu'il avait cherché à souligner le caractère « terriblement abrupt » du dénouement.)

1. Cf. *supra*, p. 56.

Quelques thèmes de réflexion ◀

- Le thème de la solitude dans le théâtre de Molière. [Caractérisations psychologiques, sociales et familiales des personnages concernés - comparaison entre eux - classification selon leur degré d'isolement.]

- Don Juan est-il un individu? un symbole? un mythe? un type? un personnage? un héros? un anti-héros? (Thème de débat et exercice de vocabulaire.)

- Don Juan au tribunal : imaginez les dépositions de différents témoins : ses parents, ses domestiques, ses victimes... La discussion des jurés - La plaidoirie de son avocat - Le verdict... (travail par groupes).

- Comparez la tirade de Don Juan sur l'hypocrisie (acte V, scène 2) à celle de Cléante dans *Tartuffe* (acte I, scène 5).

- Recherche de mise en scène et de décors pour l'interprétation d'une scène de *Dom Juan* dans une salle de classe.

Exemple pour la scène 2 de l'acte I :
Don Juan a un tempérament de joueur. On peut fort bien imaginer qu'il aime de temps en temps faire une partie de billard avec Sganarelle. Pour sa première apparition sur scène, on pourrait transformer la salle de classe en une salle de billard.

Plaçons les spectateurs en demi-cercle. Réunissons deux ou trois tables au centre de la pièce pour le billard. Confectionnons un bourrelet de papier pour entourer le plateau du billard. Recouvrons le tout d'un bullgomme vert. Apportons des manches à balais pour les queues, des balles de ping-pong ou de pétanque (il y en a de légères en plastique) pour les boules.

Don Juan et Sganarelle pourront jouer au billard pendant presque toute la scène avec des pauses naturellement. Don Juan sera certainement un joueur habile et entraîné. Quant à Sganarelle nous pouvons le transformer en un partenaire valable à la hauteur de son maître, en bouffon qui nous fera rire, ou encore souligner son rôle de valet dont la fonction essentielle sera de lustrer les queues avec un chiffon, d'inscrire au tableau les scores de Don Juan, etc.

▶ Bibliographie

Exploitation du mythe de Don Juan au spectacle et dans la littérature (ouvrages à consulter pour des exercices de comparaison).

• *Au XVIIe siècle*

- *El burlador de Sevilla* de TIRSO DE MOLINA (ouvrage hors commerce, à consulter dans certaines bibliothèques). Première adaptation dramatique du mythe de Don Juan. L'intérêt essentiel est d'ordre religieux; le dénouement illustre avec grandeur la puissance de Dieu et de son châtiment.

- *Dom Juan* de THOMAS CORNEILLE : versification de l'œuvre de Molière dans sa version la plus édulcorée (à consulter dans une bibliothèque).

• *Au XVIIIe siècle*

- *Don Giovanni*, opéra de MOZART, a, en quelque sorte, mis dans l'ombre l'œuvre de Molière pendant près de deux siècles (à voir à l'Opéra).

• *Au XIXe siècle*

Le mythe de Don Juan est exploité dans des contextes essentiellement fantastiques.

- *Dom Juan*, conte de BYRON.

- *Le Convive de pierre*, poème dramatique de POUCHKINE.

- *Dom Juan aux enfers*, poème de BAUDELAIRE (cf. *Les fleurs du Mal :* Spleen et Idéal, XV). Don Juan retrouve aux enfers toutes les victimes de ses conquêtes, Sganarelle, Don Louis et « Tout droit dans son armure un grand homme de pierre ».

- « Le plus bel amour de Don Juan » dans *Les diaboliques* de BARBEY D'AUREVILLY (classiques Garnier-Flammarion) : une intrigue amoureuse dominée par les éléments surnaturels.

• *Au XXe siècle*

- *Dom Juan* de MONTHERLANT : pièce en trois actes (Gallimard, N.R.F., 1958). « Don Juan dans la pièce est un personnage simple; il n'a pas d'envergure, je l'ai voulu ainsi... ce Don Juan comme les autres personnages de mon théâtre est aussi un personnage tragique. Tragique, il l'est par la crainte de la mort prochaine. Il l'est parce qu'il a besoin de la « chasse » et de la possession pour se sentir vivre : « La chasse et la possession sont pour lui une drogue. » (Extrait des notes de Montherlant).

- *Monsieur Jean* de ROGER VAILLAND (Gallimard, N.R.F., comédie en trois actes, 1959). Monsieur Jean construit des avions, il brasse des milliards, il a un désir insatiable des femmes. L'Ingénieur commandeur, ami et collaborateur de Monsieur Jean, se tue dans un avion mal mis au point...

Études et critiques

• *Ouvrages sur les mœurs, la morale, l'amour... au XVIIe siècle*

- *Morales du Grand siècle* de PAUL BÉNICHOU (Gallimard, collection Idées N.R.F., 1948). Étude des rapports entre les conditions sociales et les doctrines morales au XVIIe siècle. Paul Bénichou souligne la complexité de certaines situations, il nous invite à réfléchir aux conflits d'ordre politique, moral, religieux qui marquent le grand siècle. Un chapitre est consacré à Molière et quelques pages (p. 280-285) à *Dom Juan*.

- *L'amour au XVIIe siècle* de CLAUDE DULONG (Hachette, 1969). Claude Dulong nous renseigne sur la sensibilité et les mœurs amoureuses au XVIIe siècle. Citons quelques-uns de ses chapitres : « Amour et civilisation » - « Du mariage » - « Libertins et débauchés » - « Le diable et l'amour » - « Dieu et l'amour ».

- *Documents historiques* (ouvrages à consulter à la bibliothèque au rayon histoire).

- *Histoire littéraire du sentiment religieux en France* de BRÉMONT (Paris, 1928) : le tome IX traite du mariage au XVIIe siècle.

- *Introduction à la France moderne* de ROBERT MANDROU (Armand Colin). Certains chapitres sont consacrés à l'étude des mœurs et de la société au XVIIe siècle.

• *Ouvrages relatifs à Molière, à sa vie, à son œuvre*

- *Molière, une aventure théâtrale* de JACQUES GUICHARNAUD (Gallimard, bibliothèque des Idées N.R.F., 1963). Analyse profonde et détaillée de la trilogie : *Tartuffe - Dom Juan - Le misanthrope*. Jacques Guicharnaud étudie surtout l'aspect dramatique de ces trois grandes comédies ; il nous demande d'apprécier le génie de Molière « homme de théâtre » à travers ces trois œuvres.

- *Molière* de RENÉ JASINSKI (Connaissance des lettres, Hatier, 1969). Cet ouvrage nous présente les caractéristiques essentielles des œuvres de Molière, en tenant compte de leur situation chronologique et de l'évolution de la vie de l'auteur.

- *Molière par lui-même* d'ALFRED SIMON (Écrivains de toujours, Éditions du Seuil, 1957). Le chapitre consacré à Don Juan page 103 s'intitule : « Le provocateur ».

- *Le dossier Molière* de LÉON THORENS (Marabout Université, Éditions Gérard, Verviers, 1964). Le résultat d'une enquête minutieuse sur la vie de Molière et les circonstances qui entourent son œuvre. Léon Thorens souligne l'étonnante actualité des œuvres de Molière dans le contexte de notre époque. Ouvrage très riche par le fond, très original et vivant par son expression et sa structure. (Léon Thorens a demandé à divers auteurs et metteurs en scène contemporains de collaborer à son ouvrage.) Citons le chapitre : « Un critique dialogue avec Don Juan » par Jean-Louis Bory, page 275.

● *Ouvrages qui s'intéressent plus spécialement au mythe de Don Juan*

- *La Légende de Dom Juan*, de GENDARME DE BÉVOTTE (Hachette, Paris, 1906 et 1911).

- *Éternel Dom Juan*, de MICHEL BERVEILER (Hachette, 1961).

- *Le Cas Dom Juan*, de MICHELINE SAUVAGE (Le Seuil, Paris, 1953).

- *Don Juan et le donjuanisme*, de GREGORIO MARANON (Gallimard, Idées N.R.F., 1958). Cet ouvrage recherche les origines du mythe, pour aboutir à une étude psychanalytique du personnage au service de la conception de la sexualité et de l'amour à notre époque.

Index des thèmes

COLLECTION PROFIL

Imprimé en France par l'imprimerie Aubin - 86240 LIGUGÉ
Dépôt légal : novembre 1984 — Nᵒ d'édition : 7300 — Nᵒ d'impression : L 17395